Moskaus Spuren in Ostdeutschland 1945 bis 1949

**Zeitgeschichte
im Gespräch
Band 22**

Herausgegeben vom
Institut für Zeitgeschichte

Redaktion:
Bernhard Gotto und Thomas Schlemmer

Moskaus Spuren in Ostdeutschland 1945 bis 1949

Aktenerschließung und Forschungspläne

Herausgegeben von
Detlev Brunner und Elke Scherstjanoi

ISBN 978-3-11-040253-7
e-ISBN (PDF) 978-3-11-040260-5
e-ISBN (EPUB) 978-3-11-040264-3
ISSN 2190-2054

Library of Congress Cataloging-in-Publication Data
A CIP catalog record for this book has been applied for at the Library of Congress.

Bibliografische Information der Deutschen Nationalbibliothek
Die Deutsche Nationalbibliothek verzeichnet diese Publikation in der Deutschen Nationalbibliografie; detaillierte bibliografische Daten sind im Internet über http://dnb.dnb.de abrufbar.

© 2015 Walter de Gruyter GmbH, Berlin/Boston
Titelbild: Bitterfeld – vor der Kommandantur in der Stalinstraße, 1945 (Stadtarchiv Bitterfeld-Wolfen, FABtf 62-2; Fotograf Behnrich)
Einbandgestaltung: hauser lacour
Druck und Bindung: Hubert & Co. GmbH & Co. KG, Göttingen
♾ Gedruckt auf säurefreiem Papier
Printed in Germany

Inhalt

I. Einleitung

Detlev Brunner und Elke Scherstjanoi
20 Jahre SMAD-Forschung in Deutschland   7

II. Die Archivsituation

Oxana Kosenko
SMAD-Dokumente. Probleme der Archivierung und der Verteilung
in den Archiven der UdSSR und der Russischen Föderation   17

Kerstin Risse und Kerstin Weller
Dokumente der sowjetischen Besatzungsmacht im Bundesarchiv . . .   27

III. Kooperationsprojekte – Erfahrungen und Ergebnisse

Jan Foitzik
Deutsch-russische Forschungen zur SMAD
am Institut für Zeitgeschichte.   41

Kai von Jena
Das SMAD-Projekt – eine erfolgreiche deutsch-russische
Archivkooperation.   51

Alexander von Plato
Sowjetische Speziallager in der Sowjetischen Besatzungszone
1945 bis 1950. Rückblicke auf ein Pionierprojekt.   59

Jochen Laufer
Forschungen in russischen Archiven zu Fragen
der deutschen Zeitgeschichte nach 1941
Ein Erfahrungsbericht   67

IV. Forschungsstand, Probleme, Perspektiven

Detlev Brunner
Regionale SMA-Forschung. Ein Überblick. 75

Jürgen John
Über die Aussagekraft regionaler SMA-Akten für die SBZ-Forschung
Das Fallbeispiel der „Ära Paul" in Thüringen 1945 bis 1947 85

Elke Scherstjanoi
Besatzungsherrschaft als soziale Praxis. Quellen für sozial- und
kulturgeschichtliche Zugänge im SMAD-Bestand 99

Enrico Heitzer
Speziallagerforschung und Gedenkstättenarbeit seit 1990. 109

Alexander Haritonow
Forschungen über Grabstätten sowjetischer Bürger
auf deutschem Boden 121

Felicitas Claus
Quelleneditionen, Erinnerungen und Darstellungen
Ein Verzeichnis 129

Abkürzungen 145
Autorinnen und Autoren 147

Detlev Brunner und Elke Scherstjanoi
20 Jahre SMAD-Forschung in Deutschland

Am 27. September 2013 veranstaltete das Institut für Zeitgeschichte München-Berlin (IfZ) zusammen mit dem Lehrstuhl für Neuere und Zeitgeschichte der Universität Leipzig in Berlin einen eintägigen Workshop zum Stand der Forschung zur Sowjetischen Militäradministration in Deutschland (SMAD). Anlass waren der 65. Geburtstag des langjährigen wissenschaftlichen Mitarbeiters des IfZ und SMAD-Forschers Jan Foitzik und seine Verabschiedung in den Ruhestand. Dies war die Gelegenheit, Bilanz zu ziehen. Dabei konnte und sollte kein Anspruch auf Vollständigkeit erhoben werden; wichtig war es den Veranstaltern, die Erfahrungen verschiedener deutsch-russischer Kooperationsprojekte zu reflektieren, konkrete Forschungsergebnisse und -probleme zu benennen und über neue Ideen zu diskutieren.

Die SMAD-Forschung hatte mit der Archivreform im postsowjetischen Moskau zu Beginn der 1990er Jahre eine realistische Perspektive bekommen, die deutsche Historiker und Archivare natürlich zu nutzen versuchten. Unter den verschiedenen Gemeinschafts- und Einzelprojekten hatten die staatlich gestützten und vertraglich auf hoher Ebene gesicherten Bemühungen um Bestandsöffnungen die besseren Chancen.

Mitte der 1990er Jahre startete ein deutsch-russisches Kooperationsprojekt, das bislang seinesgleichen sucht. Einzigartig war es sowohl in seiner Dimension, als auch in seinen Ergebnissen und seiner Forschungsrelevanz. Aufbauend auf einem mit Präsidentenerlass eingeräumten erweiterten Zugang zu ausgewählten Archivbeständen sowjetischer Provenienz vereinbarten das Bundesarchiv und der Föderale Archivdienst Russlands (Rosarchiv) am 25. Oktober 1995 ein „Arbeitsprogramm zur Durchführung eines deutsch-russisches Gemeinschaftsprogramms zum Studium, zur Auswertung und zur Reproduktion der Akten der Sowjetischen Militäradministration in Deutschland (1945–1949)"[1]. Das Augenmerk richtete sich in erster Linie auf Bestände im Staatsarchiv der Russischen Föderation (GARF)

---

[1] Zur Projektentwicklung und zum Stand der Arbeiten im Jahr 2005 vgl. Kai von Jena, Deutsch-Russisches Gemeinschaftsprogramm zum Studium, zur Auswertung und zur Reproduktion der Akten der Sowjetischen Militäradministration in Deutschland (SMAD), in: Mitteilungen der Gemeinsamen Kommission für die Erforschung der jüngeren Geschichte der deutsch-russischen Beziehungen 2/2005, S. 133 ff.

in Moskau. Die federführenden deutschen Akteure im Team waren die Archivare des Bundesarchivs Hans-Dieter Kreikamp und Kai von Jena.

Hauptanliegen aus deutscher Sicht war die Sicherung eines möglichst breiten Zugangs zu aussagestarkem Schriftgut der einstigen sowjetischen Besatzungsbehörde, womit man die Forschung zur sowjetischen Deutschland- und Besatzungspolitik sowie allgemein zur ostdeutschen Nachkriegsgeschichte auf eine solide Quellenbasis stellen und schließlich anhand von Kopien direkt von Berlin aus im Kontext deutscher Überlieferung voranbringen wollte. Der Großteil der entsprechenden Akten war freilich von russischer Seite noch zu entsperren, wofür es konkreter archivpolitischer Entscheidungen bedurfte.

Das mit deutschen Mitteln finanzierte Projekt, das von 1998 an in den Erfahrungsaustausch im Rahmen der „Gemeinsamen Kommission für die Erforschung der jüngeren Geschichte der deutsch-russischen Beziehungen"[2] integriert war, wurde mehrmals um unerlässliche technische Arbeiten erweitert und aufgrund konkreter Erfahrungen spezifiziert. Es umfasste – nach einem Pilotprojekt zu den Verfahren und Arbeitsabläufen – umfangreiche Digitalisierungsarbeiten, Aktenverfilmung, Bestandsrecherchen, die Erstellung von Findhilfsmitteln sowie kommentierte Quelleneditionen in deutscher und russischer Sprache. Die als integrierte Teilprojekte konzipierten Editionen banden ausgewiesene Experten ein. Beteiligt waren mehrere verschiedene Archive und Forschungsinstitute in Deutschland und Russland[3]. Pilotcharakter trug auch die im Projektzusammenhang erarbeitete erste gemeinsame Dokumentenedition, die sich aus ganz praktischen Gründen zuerst dem Themenschwerpunkt der sowjetischen Kulturpolitik in Deutschland nach 1945 zuwandte. Als bemerkenswert darf aber vor allem das von Anfang an gemeinsam getragene Anliegen gelten, eine wechselseitige Bereicherung im Aktenerschließungs- und Forschungsprozess anzustreben. So prägte ein kollegialer, erfolgsorientierter

---

[2] Vgl. Kommuniqué der Kommission über ihre konstituierende Sitzung, Bonn, 15.–18. Januar 1998, in: Mitteilungen der Gemeinsamen Kommission für die Erforschung der jüngeren Geschichte der deutsch-russischen Beziehungen 1/2002, S. 15 ff. Zu Kovorsitzenden der Kommission wurden Horst Möller, Direktor des IfZ, und Aleksandr Oganovič Čubar'jan, Direktor des Instituts für Allgemeine Geschichte der Russischen Akademie der Wissenschaften, ernannt. Die Kommission verfügt über einen Forschungsetat, begleitet aber auch Projekte, die sie lediglich in Teilen mitfinanziert.
[3] Die im Projekt entstandenen Editionen werden in diesem Band von Felicitas Claus aufgelistet.

Umgang die Arbeit über diverse organisatorische Klippen hinweg bis zum Projektabschluss im Jahr 2010[4].

Als Ergebnis dieses Archivkooperationsprojekts liegen heute rund 10.000 Akteneinheiten mit Schriftgut diverser Struktureinheiten der SMAD im Bundesarchiv in Kopie vor; sie bilden in Berlin-Lichterfelde einen gut erschlossenen Sammelbestand des Bundesarchivs[5]. Vor und neben diesem Großprojekt liefen in den 1990er Jahren weitere deutsch-russische Forschungs- und Aktenerschließungsprojekte in Moskau an, nicht wenige zum gleichen historischen Zeitraum und zu den deutsch-sowjetischen Nachkriegsbeziehungen unter Besatzungsverhältnissen.

Das Zentrum für Zeithistorische Forschung (ZZF) in Potsdam initiierte 2001 ein eigenes Erschließungsvorhaben. Angelegt als trilaterales deutsch-russisch-amerikanisches Projekt unter Federführung des Historikers David Pike (University of North Carolina/Chapel Hill), setzte das von der Volkswagen-Stiftung finanzierte Kooperationsunternehmen zur Reproduktion von SMAD-Akten in erster Linie auf moderne Kommunikationsformen. Pike forcierte die Idee einer modernen Dokumenten-Datenbank. Sie sollte Beschlüsse, Befehle, Anordnungen und Direktiven der SMAD enthalten und bietet nun zusätzlich sogar Bildmaterial. Partner im Projekt waren das GARF und das Bundesarchiv. Das heute im Internet über eine Verbindung zum GARF oder zur Universität Chapel Hill abrufbare „Elektronische Archiv der SMAD"[6] enthält Befehlstitel und Faksimile, diverse Register und ein spezifisches Wörterbuch. Nach russischen Angaben sind über 187.000 Dokumente erfasst[7]. Allerdings lassen die noch 2003 bei einer Zwischenbilanzierung[8] angekündigten Studien, etwa eine Monografie über den Quellenwert der SMAD-Befehle, auf sich warten. De facto hat die Aktenerschließung in diesem Projekt auf deutscher Seite bislang keine editorischen Erträge gebracht. Im Rahmen des Projekts wurden lediglich in russischer

---

[4] Vgl. dazu den Beitrag von Kai von Jena in diesem Band.
[5] Vgl. dazu den Beitrag von Kerstin Risse und Kerstin Weller in diesem Band.
[6] Vgl. http://svag.garf.su und http://svag.unc.edu.
[7] Die auf einer Konferenz am 2. 12. 2010 in Moskau vorgestellten vorläufigen Ergebnisse sind nachzulesen unter www.statearchive.ru/433. Das Projekt schloss die Erstellung von methodischen Hilfen und Findhilfsmitteln ein.
[8] Vgl. Lutz Prieß, Zur Aufarbeitung der Akten der Sowjetischen Militäradministration im Russischen Staatsarchiv. Eine Zwischenbilanz. Workshop des ZZF in Potsdam, 19. Juni 2003, in: Potsdamer Bulletin für Zeithistorische Studien 30/31 (2003/04), S. 61–64; Viktor Knoll, Zur Wirtschaftspolitik der SMAD 1945–1949. Konzeption eines Editionsprojektes, in: Potsdamer Bulletin für Zeithistorische Studien 38/39 (2006/07), S. 39–47.

Sprache thematische Dokumentenbände veröffentlicht, die von Moskauer Kollegen erarbeitet worden waren (Vladimir V. Zacharov, Nikita V. Petrov[9]). Die Verzögerungen in der deutschsprachigen Drucklegung sind insbesondere bei der als Manuskript bereits vorgestellten Dokumentenedition zur Wirtschaftspolitik der SMAD überaus bedauerlich.

Als rundum erfolgreich ist dagegen das Projekt „Die UdSSR und die deutsche Frage 1941–1949. Dokumente aus dem Archiv für Außenpolitik der Russischen Föderation" anzusehen. Dieses deutscherseits von Jochen P. Laufer (ZZF), seitens der Russischen Föderation vom inzwischen verstorbenen Diplomatiehistoriker Georgij P. Kynin ausgeführte Projekt zielte nicht auf einen allgemeinen Aktenzugang (der in diesem Archiv auch nicht gewährt wird), sondern auf die Edition ausgewählter deklassifizierter, zentraler Dokumente des Archivs des Außenministeriums der Russischen Föderation. Seine Anfänge gehen in das Jahr 1991 zurück. Von 1993 bis 2002/03 wurde es von der Fritz-Thyssen-Stiftung gefördert, die Trägerschaft lag zunächst bei der Humboldt-Universität zu Berlin, seit 1996 beim ZZF. Es entstanden vier Dokumentenbände in russischer und vier in deutscher Sprache, wobei sich die Gemeinsame Kommission finanziell vor allem bei der Drucklegung engagierte. Seit 2001 avisiert, konnte inzwischen eine inhaltliche Verlängerung des Projekts auf den Dokumentationszeitraum bis 1953 gesichert werden. Laufer stellte 2009 eine monografische Analyse vor[10].

Zu den offensichtlich wenig ertragreichen Unternehmungen müssen dagegen die von der Volkswagen-Stiftung finanzierten, frühen Vorstöße in die Moskauer Archive gerechnet werden. An Skepsis hat es seinerzeit zwar nicht gefehlt, doch es gab auch Historiker, die die Idee guthießen: einen mit Geld großzügig ausgestatteten deutschen Historiker zu autorisieren, in Moskau deutsches Wissenschaftsinteresse an sowjetischen Archivbeständen zu artikulieren und Zugriffe zu lenken[11]. Diese 1993 vom Bildungshistori-

---

[9] Zu diesen und anderen Editionen vgl. die Übersicht von Felicitas Claus in diesem Band.
[10] Vgl. den Beitrag von Jochen Laufer in diesem Band.
[11] Um „die Arbeitsfähigkeit und Kooperationsbereitschaft" ausgewählter staatlicher Archive in Moskau und St. Petersburg zu unterstützen, wurden „in fünf bis sechs Jahren zusammengerechnet ca. 1,25 Millionen DM" ausgegeben: Kopier- und Verfilmungstechnik wurde erworben, Bestandsanalysen und Drucke von Findhilfsmitteln wurden finanziert, direktorale Begegnungen organisiert. Rund 60 deutsche Forscher sollen bei ihren Studienaufenthalten unterstützt worden sein. Zu Ausmaß und Ergebnis des Projekts vgl. Manfred Heinemann, Archive in Moskau und St. Petersburg: Förderung der Infrastruktur und der deutsch-russischen Forschungskooperation, in: Karl Eimermacher/Anne Hartmann (Hrsg.), Das historische Gedächtnis Rußlands.

ker Manfred Heinemann (Leibniz-Universität Hannover) übernommene Rolle muss in ihrer Effizienz als ambivalent eingeschätzt werden. In der dramatisch bewegten Moskauer Archiv-Welt genügte es eben nicht, nach deutschem Verständnis kooperationserfahren zu sein, ohne auf hinlängliche Sprachkompetenz und persönlichem Forschungsvorlauf aufbauen zu können[12]. Investitionen gingen in Archiv-Wegweiser, die bald Makulatur wurden. Statt Historikern beim Zugriff etwa auf SMAD-Bestände zu helfen, belegten Projektmitarbeiter Akten ungebührlich lange für Erschließungszwecke mit letztlich nur beschränktem Ertrag. Als wissenschaftliche Beiträge zur SMAD-Forschung entstanden im Projekt in deutscher Sprache die Memoiren des damals greisen Petr Nikitin, seinerzeit ein für Hochschulen zuständiger SMAD-Mitarbeiter (leider tauchte der russische Urtext nie auf), eine quellengesättigte Studie des Projektmitarbeiters Alexander Haritonow zur SMAD-Hochschulpolitik in Sachsen sowie einzelne kleine Aufsätze zu sowjetischen Einflüssen auf das ostdeutsche Bildungs- und Hochschulwesen. Aufschlussreiche Gespräche und Interviews mit Zeitzeugen der SMAD-Hochschulpolitik füllten 1992 den Hauptteil eines mehrtägigen Kolloquiums und wurden 2000 veröffentlicht[13].

Von erheblichem wissenschaftlichem und wissenschaftspolitischem Wert war dagegen das zwischen 1993 und 1998 ebenfalls von der Volkswagen-Stiftung finanzierte Kooperationsprojekt zwischen dem Institut für Geschichte und Biographie der Fernuniversität Hagen, der Friedrich-Schiller-Universität Jena und dem GARF. Auf deutscher Seite leiteten und koordinierten das Projekt die Historiker Alexander von Plato und Lutz Niethammer. Hier richtete sich das Interesse auf die Aktenbestände zur Geschichte der sowjetischen Speziallager in der SBZ. Auch in diesem Fall wurde von deutscher Seite von Anfang an ein doppeltes Ziel verfolgt, das in Moskau Unterstützung fand: die Vervielfältigung möglichst vieler bedeutsamer Akten und ihre sofortige Nutzung zum Zweck von Studien und Dokumentationen. Das Besondere an diesem Projekt war seine alternative, nicht rein akademische Organisa-

---

Archive, Bibliotheken, Geschichtswissenschaft, Bochum 1999, S. 53–77, Zitate S. 54f. Vgl. auch Manfred Heinemann (Hrsg.), Hochschuloffiziere und Wiederaufbau des Hochschulwesens in Deutschland 1945–1949. Die sowjetische Besatzungszone, Berlin 2000, Vorwort des Herausgebers, S. IX–XV.

[12] Manfred Heinemann, Studieren in Osteuropa. Impressionen und Reflexionen aus der Sicht eines Geisteswissenschaftlers, in: Karl Eimermacher/Anne Hartmann (Hrsg.), Rußland im Umbruch – Jugend im Aufbruch? Bochum 2001, S. 211–231, meldet sich in der Folgezeit mit hochschul- und wissenschaftspolitischen Einschätzungen zur Lage in Russland zu Wort.

[13] Vgl. Heinemann, Hochschuloffiziere und Wiederaufbau.

tionsform, für die Arbeitsgruppen um das genannte Institut bekannt sind. Neben staatlich besoldeten russischen Archivaren band das Projekt russische Historiker ein, die sich in staatskritischen Werkstätten für „Geschichte von unten" engagierten und damals bereits gutes Spezialwissen zur Geschichte sowjetischer Repressionsstrukturen erworben hatten. Auf deutscher Seite waren die Historiker Ralf Possekel, Peter Erler, Lutz Pries, Gabriele Hammermann, Jan Lipinsky, Christian Schölzel, Bert Pampel, Eva Ochs, Natalja Jeske, Bodo Ritscher und andere mit von der Partie. Im Ergebnis lagen 1998 zwei deutschsprachige Bände „Sowjetische Speziallager in Deutschland 1945 bis 1950" mit Dokumenten, Studien und Berichten vor[14]. 2001 erschien nachträglich ein Studien-/Dokumentenband in russischer Sprache. Diese zu Standardwerken gewordenen Bände legten den Grundstein für eine breite Aktenerschließung und Forschung, die nicht zuletzt von den Gedenkstätten weiter betrieben wurde und wird. Die erschlossenen Akten des GARF wurden in Kopie an das Bundesarchiv gegeben[15].

Dieser Ansturm auf die SMAD-Akten im GARF Mitte der 1990er Jahre konnte nicht voraussetzungslos so erfolgreich verlaufen. Er hatte eine wissenschaftliche Vorgeschichte. Gewiss, bis 1989/90 kann von einer spezifischen SMAD-Forschung nur mit gewichtigen Abstrichen gesprochen werden. In der sowjetischen Geschichtsschreibung war die SMAD als Forschungsthema nur randständig[16]. Stärkere Beachtung fand das Thema in der DDR, wobei die dort seit den späten 1950er Jahren erschienenen Dokumentationen und Forschungsarbeiten zahlreichen Beschränkungen unterworfen waren[17].

---

[14] Vgl. Alexander von Plato, Sowjetische Speziallager in Deutschland 1945 bis 1950: Ergebnisse eines deutsch-russischen Kooperationsprojektes, in: Peter Reif-Spirek/ Bodo Ritscher (Hrsg.), Speziallager in der SBZ. Gedenkstätten mit „doppelter Vergangenheit", Berlin 1999, S. 124–148. Vgl. auch den Beitrag von Alexander von Plato in diesem Band sowie die Nachweise in der Übersicht von Felicitas Claus.
[15] Vgl. die Beiträge von Kertin Risse und Kerstin Weller sowie von Enrico Heitzer in diesem Band.
[16] Zum Forschungsstand vor 1989/90 vgl. die Beiträge von Jan Foitzik: Sowjetische Militäradministration in Deutschland (SMAD) 1945–1949. Struktur und Funktion, Berlin 1999, S. 482–488, und Sowjetische Militäradministration in Deutschland (SMAD), in: Martin Broszat/Hermann Weber (Hrsg.), SBZ-Handbuch. Staatliche Verwaltungen, Parteien, gesellschaftliche Organisationen und ihre Führungskräfte in der Sowjetischen Besatzungszone Deutschlands 1945–1949, München 1990, S. 7–69, hier S. 46 ff.
[17] Vgl. u. a. Stefan Doernberg, Die Geburt eines neuen Deutschland 1945–1949, Berlin 1959; Um ein antifaschistisch-demokratisches Deutschland. Dokumente aus den Jahren 1945–1949, hrsg. vom Ministerium für Auswärtige Angelegenheiten der DDR und vom Ministerium für Auswärtige Angelegenheiten der Sowjetunion, Berlin 1968;

Neben der ideologisch bestimmten „Freundschaft" zwischen Besetzten und Besatzungsmacht und dem Tabu bezüglich kritischer Blicke auf die Besatzungsherrschaft wirkte ein historisches Spannungsverhältnis zwischen der Besatzungsherrschaft und der behaupteten und beanspruchten „führenden Rolle" der Partei KPD/SED. Wie passte die aus der Erinnerungsliteratur sowjetischer Offiziere herauszulesende Dominanz der Besatzungsmacht mit der Führungsrolle deutscher Kommunisten zusammen? Für das Hierarchieverhältnis zwischen sowjetischen Besatzungsbehörden und deutschen Parteiorganen fand sich die Formel von der „Hilfe der sowjetischen Genossen" bei der gemeinsam vorangetriebenen „Umwälzung"[18]. Spezielle Archivbestände[19] waren kaum bekannt und nur begrenzt nutzbar. Trotz derartiger Barrieren wurden empirisch fundierte Forschungen zu einzelnen Aspekten der Besatzungsherrschaft erarbeitet[20]. Rückblicke auf die Tätigkeit der Besatzungsorgane lieferten Alexander Dymschitz (Dymšic), Sergej Tjulpanow (Tjul'panov) und Vladimir Gall[21].

Auch in der Bundesrepublik setzten Forschungen zur Geschichte der SMAD erst in den frühen 1980er Jahren ein. Ein Zentrum dieser Bemühungen war der Mannheimer Arbeitsbereich DDR-Geschichte. Jan Foitziks Artikel zur SMAD im vom IfZ und vom Arbeitsbereich Geschichte und Politik der DDR an der Universität Mannheim 1990 herausgegebenen SBZ-Handbuch war das Ergebnis dieser Studien. Diese erste ausführliche Strukturbeschreibung der Besatzungsbehörde basierte nur auf im Westen zugänglichen Materialien und Quellen, dennoch ist ihr Informationsgehalt – trotz einiger korrekturbedürftiger Angaben – in den Grundlinien nach wie vor hoch.

Lothar Kölm, Die Befehle des Obersten Chefs der Sowjetischen Militäradministration in Deutschland 1945–1949. Eine analytische Untersuchung, Berlin 1977.
[18] Zur Problematik generell vgl. Foitzik, SMAD, S. 483 f.; Detlev Brunner, Der Schein der Souveränität. Landesregierung und Besatzungspolitik in Mecklenburg-Vorpommern 1945–1949, Köln u. a. 2006, S. 165 f.
[19] Das Deutsche Zentralarchiv, später Zentrales Staatarchiv der DDR, begann Ende der 1960er Jahre, SMAD-Befehle aus diversen ostdeutschen Beständen zusammenzutragen. 1980 enthielt der heutige Bestand DX 1 735 nicht geheime Befehle und somit rund zwei Drittel aller seinerzeit ergangenen nichtgeheimen Befehle, teils in russischer Sprache, teils in mehreren Übersetzungen. Wichtige Befehle fehlten. Vgl. Elke Henke, Rolle und Bedeutung der SMAD-Befehle und Analysen der im ZStA überlieferten Befehle, Abschlußarbeit an der Fachschule für Archivwesen, Potsdam 1983. Vgl. den Beitrag von Kerstin Risse und Kerstin Weller in diesem Band.
[20] So etwa zur Bodenreform; vgl. dazu Hinweise im Beitrag von Detlev Brunner in diesem Band.
[21] Nachweise bei Felicitas Claus in diesem Band.

14　Detlev Brunner und Elke Scherstjanoi

Foitziks strukturgeschichtliche Vorarbeit bewährte sich als Basis für die Aktenerschließung im Moskauer GARF.

Die weltpolitischen Zäsuren zwischen 1989 und 1991 ermöglichten schließlich wissenschaftliche Forschung auf völlig neuem Niveau. Als erste bemühten sich schon 1988/89 DDR-Historiker, den Glasnost-Verkündungen Michail Gorbatschows folgend, um Zugang zu Akten im GARF, im Außenpolitischen Archiv und anderen Moskauer Archiven. Elke Scherstjanoi und Jochen Laufer erkundeten im Herbst 1989 Bestände der Alliierten Kontrollkommission und der zuständigen Abteilung im sowjetischen Außenministerium. 1990 konnten sie einen ersten Überblick über eine Sammlung von SMAD-Befehlen im GARF veröffentlichen[22]. Wenig später begann Stefan Creuzberger, sich in Moskau umzuschauen. Er musste allerdings für seine Dissertation zum Einfluss der SMAD auf die Entwicklung in Ostdeutschland, ähnlich wie Peter Strunk für seine Dissertation zur SMAD-Presse-und Propagandapolitik, noch ohne den bald geöffneten Fundus auskommen[23]. Zu den deutschen Akteuren, die in Moskauer Archiven (direkt oder vermittelt über russische Kollegen) Einzeldokumente der oberen politischen Entscheidungsebene auswerteten, gehörten bald Gerhard Wettig, Wilfried Loth und Bernd Bonwetsch. Den ersten Bestseller legte allerdings ein Amerikaner vor: 1997 erschien mit Norman S. Naimarks „Die Russen in Deutschland. Die sowjetische Besatzungszone 1945 bis 1949" eine anregende Studie zum ostdeutsch-sowjetischen Herrschaftsverhältnis.

Die Autorinnen und Autoren dieses Bands, der aus dem eingangs erwähnten Werkstattgespräch vom 27. September 2013 hervorgegangen ist, berichten von den Forschungserfahrungen seit jener Zeit des Aufbruchs – Erfahrungen aus 20 Jahren SMAD-Forschung in Deutschland[24]. Die zentrale Frage war die nach dem Quellenwert und der Aussagekraft des archivalischen Nachlasses der SMAD. Zu Beginn stehen deshalb zwei Beiträge über die Entwicklung und den Stand der Archivierung. Zur Geschichte der Archivierung der SMAD-Akten in der UdSSR und der Russischen Föderation informiert Oxana Kosenko, die sich in ihrer Dissertation intensiv mit der

---

[22] Elke Scherstjanoi/Jochen Laufer, Erste Schritte zur Öffnung des Bestandes der Sowjetischen Militäradministration in Deutschland (SMAD). Einblicke in die Praxis der sowjetischen Reparationspolitik, in: Archivmitteilungen 40 (1990), S. 172–175.
[23] Nachweise im Beitrag von Felicitas Claus in diesem Band.
[24] Einige Bereiche bleiben unberührt, auch wenn sie eine eigenständige Bilanzierung verdienten. Dies gilt vor allem für die Forschung zur Wirtschaftspolitik der SMAD oder die Studien zur sowjetischen Flugzeug- und Raketenforschung unter Beteiligung deutscher Spezialisten; Nachweise im Beitrag von Felicitas Claus.

Thematik auseinandergesetzt hat. Kerstin Risse und Kerstin Weller geben Auskunft über die Bestände zur SMAD und zu den Internierungslagern im Bundesarchiv, mithin zu Ergebnissen der oben beschriebenen deutsch-russischen Archivkooperation.

Die vier dem zweiten Abschnitt zugeordneten Erfahrungsberichte liefern persönliche Einblicke in Zielsetzung und interne Entwicklung der Projekte. Jan Foitzik gibt als einer der Hauptakteure der deutsch-russischen Zusammenarbeit Auskunft über die Forschungen, die im Rahmen der 1998 konstituierten Gemeinsamen Kommission realisiert wurden. Er beschreibt, wie die unterschiedlichen Wissenschafts- und Archivtraditionen mitunter hemmend wirkten, dass solche Probleme den insgesamt positiven Ertrag jedoch keinesfalls minderten. Über derartige Unterschiede, etwa in der Frage der Aktenerschließung, berichtet auch Kai von Jena, der als Vertreter des Bundesarchivs den Prozess der Verfilmung der SMAD-Akten und des Transfers der Reproduktionen direkt begleitete. Trotz mancherlei Irritationen und bürokratischer Hürden herrschte eine kollegiale Arbeitsatmosphäre, die viel zu einem intensiven kulturellen und persönlichen Austausch beitrug. Alexander von Plato, der 1992 das Projekt zu den sowjetischen Speziallagern in der SBZ anstieß, hebt aus der Rückschau die damals nahezu „exzellenten" Arbeitsbedingungen im Moskauer GARF hervor, die trotz des für die russische Seite heiklen Themas von großer Offenheit geprägt waren. Jochen Laufer begann in der politischen Umbruchzeit des Jahres 1989 mit Recherchen im GARF und im Archiv für Außenpolitik der UdSSR und ergänzt die Berichte zur SMAD-Forschung durch seine Erfahrungen. Er beklagt zwar, dass bis heute eine systematische Erschließung der sowjetischen Quellen zur deutschen Geschichte in russischen Archiven nicht erreicht sei, dennoch erlauben die Erfahrungsberichte ein cum grano salis positives Fazit: Die verschiedenen Kooperationsprojekte schufen eine bis dato nicht vorhandene Forschungsbasis, die weitere wissenschaftliche Anstrengungen ermöglichten, aber auch erforderlich machten.

Unter der Überschrift „Forschungsstand, Probleme und Perspektiven" finden sich Beiträge, die Ergebnisse, Desiderate und Aussichten der Forschung in den Blick nehmen. Detlev Brunner hebt bei seinem Überblick über die Forschung zu den Landesverwaltungen der SMA vor allem die bestehenden Lücken hervor und betont, dass eine Geschichte der SBZ und ihrer Länder nicht ohne regionale SMA-Forschung auskomme. Es bedürfe deshalb weiterer Bemühungen auf diesem Feld, auch wenn derzeit andere Themen Konjunktur hätten. Jürgen John bestätigt diesen Befund am Beispiel Thüringens. Wer über die Geschichte der ost- und mitteldeutschen

Länder forsche, sollte sich jedoch nicht auf SMA-Akten verlassen, sondern zugleich die einschlägigen deutschen Bestände gründlich auswerten. Die Akten der SMA Thüringen, Teil des SMAD-Bestands im Bundesarchiv, hätten eher komplementären Charakter. Die im Hauptstaatsarchiv Weimar verwahrten Aktenbestände zur Tätigkeit der Landes-SMA (Befehlssammlungen, Protokolle) böten allerdings einen dichten Überblick über die Themen der Verhandlungen und über Arbeitsschwerpunkte der Landesverwaltung. Elke Scherstjanoi reflektiert über die Chancen eines sozial- und kulturgeschichtlichen Ansatzes. Unter Bezugnahme auf Alf Lüdtke plädiert sie für ein Verständnis der Besatzungsherrschaft als „sozialer Praxis". Der Blick sollte auf die sowjetischen Machthaber und hier besonders auf das „Fußvolk" in den Behörden gerichtet werden. Der Wert der SMAD-Akten für historisch-kulturanthropologische Fragen müsse noch geprüft werden. Immerhin eröffne das vorhandene Material aber einen wichtigen ergänzenden Blick auf den Alltag und die Befindlichkeit der Sieger.

Zwei Beiträge thematisieren Leistungen im Rahmen der Erinnerungskultur(en). Enrico Heitzer macht die Erforschung der Geschichte der sowjetischen Speziallager zum Ausgangspunkt seiner kritischen Betrachtungen und würdigt dabei die schwierige Arbeit der ostdeutschen Gedenkorte, die dem Leiden unterschiedlicher Opfergruppen gerecht werden soll. Alexander Haritonow, in den 1990er Jahren in das von Manfred Heinemann geleitete deutsch-russische Koordinationsprojekt involviert, berichtet über das Thema Grabstättenforschung, das angesichts des 70. Jahrestags des Kriegsendes 1945 im Hinblick auf gemeinsames Erinnern, Gedenken und Mahnen an zusätzlicher Relevanz gewinnt.

Die mit diesem Sammelband vorgelegte Bilanz beschränkt sich auf Forschungen in Deutschland. Das von Felicitas Claus zusammengestellte Verzeichnis relevanter Quellen und Literatur schließt auch russischsprachige Editionen ein, die im Kontext der verschiedenen Gemeinschaftsprojekte entstanden sind. Der Dank der Herausgeber gilt den Autorinnen und Autoren; Felicitas Claus sei auch für ihre Unterstützung bei Übersetzung, Transkription und Redaktion gedankt.

Die Herausgeber widmen diesen Band – in Erinnerung an inspirierenden wissenschaftlichen Austausch – ihrem Kollegen, dem SMAD-Dokumentaristen Jan Foitzik.

Oxana Kosenko

SMAD-Dokumente

Probleme der Archivierung und der Verteilung in den Archiven der UdSSR und der Russischen Föderation

1. Die Archivierung der SMAD-Akten

Die archivalische Hinterlassenschaft der SMAD besitzt trotz ihres lückenhaften Charakters ein hohes Informationspotential. Die in den Akten enthaltenen Angaben erhellen verschiedene Facetten der sowjetischen Besatzungspolitik in Deutschland. Der SMAD-Dokumentenkomplex, den die Historikerinnen und Historiker heute kennen und benutzen, bildete sich wie jener Teil, zu dem sie immer noch keinen Zugang haben, im Laufe mehrerer Jahrzehnte heraus. Wir nutzen heute nur einen Teil dessen, was ursprünglich archiviert wurde. Wie entstand dieser Fundus? Wer archivierte das Material, wer kassierte und klassifizierte die SMAD-Akten, und nach welchen Kriterien geschah das?

Im Folgenden werden drei Aspekte der SMAD-Archivgeschichte dargelegt[1]: die Wege der Archivierung der SMAD-Bestände, der Transfer der SMAD-Akten zwischen den Archiven und ihren heutigen Aufbewahrungsorten sowie das Schicksal der SMAD-Dokumentationen nach der Übergabe an die sowjetischen Archive im Hinblick auf Kassation und Einstufung von Akten als Verschluss-Sache beziehungsweise die spätere Freigabe für wissenschaftliche Zwecke.

Unter Archivierung verstehen wir jene Tätigkeit, die darauf gerichtet ist, Verwaltungsakten zu Archivgut zu machen. Dazu gehören Erfassen, Bewertung, Erschließung und Übergabe an die Archive zur Aufbewahrung. Es wäre falsch anzunehmen, dass alle SMAD-Unterlagen zunächst ungeordnet geführt und erst nach der Auflösung der SMAD und deren Gliederungen an die Archive übergeben worden seien. Bereits zu „Lebzeiten" der SMAD führten ihre Mitarbeiter bestimmte Arbeitsunterlagen zusammen und bereiteten deren Archivierung vor. Ein Element von Unordnung und Spontaneität war natürlich dennoch vorhanden.

---

[1] Vgl. Oksana N. Kosenko, Sovetskaja voennaja administracija v Germanii i nemeckie archivy v 1945–1949 gg. [Die sowjetische Militäradministration in Deutschland und die deutschen Archive 1945–1949], unveröffentlichte Diss., Moskau 2010.

Den damaligen sowjetischen Richtlinien zufolge waren die SMAD-Sachbearbeiter verpflichtet, die Behördendokumentation ordnungsgemäß zu führen, das heißt nach Dokumentenarten und Aufbewahrungsfristen zu sortieren und zu kennzeichnen, was ihnen die Arbeit und die spätere Übergabe der Akten an das Archiv deutlich erleichtern sollte[2]. In der SMAD war ein solches Verfahren jedoch anfangs nicht gewährleistet, und auch später nicht überall gängige Praxis. Die erste Anweisung, die bereits entstandenen Berge von Unterlagen zu ordnen, erfolgte im Juni 1946. Der Stabschef der SMAD, Generalleutnant Michail I. Dratvin, befahl, „zwecks Entlastung der Verwaltungen, der Abteilungen des Stabs der SMAD, der SMA-Verwaltungen sowie der Bezirks-, Kreis- und Stadtkommandanturen der SMAD" Kommissionen für die Prüfung der Akten aus dem Jahr 1945 zu bilden. Sie sollten ausgewählte Akten an das Archiv des Ministeriums für Streitkräfte der Sowjetunion, heute Zentralarchiv des Verteidigungsministeriums der Russischen Föderation genannt, abgeben[3]. Diese Kommissionen, in der Regel aus Mitarbeitern von Archivabteilungen und aus Sachbearbeitern der SMAD zusammengesetzt, sollten alle im Jahr 1945 entstandenen Akten auswerten und darüber entscheiden, welche davon noch für die laufende Arbeit nötig waren (diese durften bei der jeweiligen Abteilung bleiben), welche gänzlich wertlos waren (diese mussten kassiert werden) und welche für die laufenden Geschäfte nicht mehr nötig, aber von historischem Interesse waren; diese Aktenbestände mussten an das Archiv des Ministeriums abgegeben werden. Bei ihrer Arbeit sollten sich die Kommissionen von den Vorschriften zur Schriftgutverwaltung in der Roten Armee leiten lassen[4]. Von Anfang an wurden die SMAD-Akten demnach als Militärakten

---

[2] Vgl. die Arbeiten von Konstantin G. Mitjaev: Istorija i organizacija deloproizvodstva v SSSR [Geschichte und Organisation der Schriftführung in der UdSSR], Moskau 1959, und Teorija i praktika archivnogo dela: učebnoe posobie [Theorie und Praxis der Archivverwaltung: Lehrbuch], Moskau 1946.
[3] GARF, fond 7317, op. 7, d. 31, Bl. 84 f., SMAD-Erlass Nr. 043 vom 17. 6. 1946: „Über die Auswahl und die Übergabe zur Aufbewahrung der Archivakten und Materialien", mit Bekanntgabe des Befehls des Obersten Chefs der SMAD, Kommissionen für die Auswahl der SMAD-Akten aus dem Jahr 1945 zu bilden.
[4] Die Kommissionen sollten sich auf folgende Befehle des Volkskommissariats für Verteidigung (ab 15. 3. 1946 Ministerium für Streitkräfte) der UdSSR stützen: Nr. 170 vom 4. 9. 1939: „Vorschriften zur Schriftgutverwaltung in der Roten Arbeiter- und Bauernarmee"; Nr. 0290 vom 30. 8. 1944: „Über die Bewahrung militärhistorischer Dokumente des Vaterländischen Kriegs und ihre rechtzeitige Abgabe an die Archivhistorische Abteilung des Volkskommissariats für Verteidigung". Ausführlicher über den Befehl Nr. 170 vom 4. 9. 1939 vgl. Oleg A. Chotjagov, Central'nomu archivu Ministerstva oborony RF – 70 let! [70 Jahre Zentralarchiv des Verteidigungsministeriums der Russischen Föderation], in: Vestnik archivista 4/5 (2006), S. 106 f.

eingestuft, die entsprechend den Richtlinien des Ministeriums für Streitkräfte (später des Verteidigungsministeriums) archiviert und hier auch aufbewahrt werden mussten.

Die Vorschriften enthielten nicht nur Informationen zur technischen Bearbeitung der Akten, sondern auch darüber, welche Dokumente als wichtig eingestuft werden und damit erhalten bleiben sollten. In der heutigen russischen wie deutschen Archivpraxis bedeutet die Aufbewahrung vom Archivgut eine dauerhafte Erhaltung der Akten ohne zeitliche Befristung. In der damaligen sowjetischen Archivpraxis galt das nicht. An Archive übergebene Akten konnten sowohl einen Stempel „ewig aufbewahren" enthalten als auch mit einer bestimmten Aufbewahrungsfrist versehen werden, nach deren Ablauf sie im Archiv zu vernichten waren. Aus der Aktenproduktion der SMAD wurden für eine dauerhafte Aufbewahrung Befehle, jährliche Tätigkeitsberichte sowie politische Berichte der SMA-Verwaltungen und Militärkommandanten, Personalentscheidungen, Planstellenbesetzungsbücher und anderes ausgewählt.

Im Laufe der ersten Übergabe von Akten an das Archiv des Ministeriums für Streitkräfte sammelten die zuständigen Mitarbeiter Erfahrungen, die zur Verbesserung der Organisation des Schriftguts bei den SMAD-Abteilungen beitrugen[5]. Es kam freilich auch vor, dass aus Nachlässigkeit oder auch absichtlich Aktenbestände kassiert wurden, die gemäß Vorschrift hätten aufbewahrt werden müssen. Das geschah zum Beispiel mit Befehlen von Kommandanten[6] oder mit einigen Registerlisten zu Trophäengut und zu konfisziertem Vermögen[7]. Die Lücken in den SMAD-Beständen erklären sich heute vor allem aus solchen Aktenvernichtungen.

Jedes Jahr wurden nun Kommissionen gebildet, die die SMAD-Unterlagen auswerteten und das ausgewählte Schriftgut zur Archivierung vorbereiteten.

---

[5] GARF, fond 7077, op. 2, d. 4, Bl. 66 f., Erlass des stellvertretenden Chefs der SMA-Verwaltung der Provinz Brandenburg Nr. 42 vom 17.9.1946: „Über die Ausführung des Befehls des stellvertretenden Chefs der SMA-[Verwaltung] der Provinz Brandenburg Nr. 0206t vom 24.6.1946 über die Auswahl und die Abgabe von Archivakten und Materialien zur Aufbewahrung".
[6] GARF, fond 7212, op. 1, d. 31, Bl. 352 ff., hier Bl. 353, Befehl des Chefs der SMA-Verwaltung des Landes Sachsen Nr. 0160 vom 13.6.1949: „Über die Ergebnisse der Prüfung der Ausführung des Befehls des Chefs der SMA-Verwaltung des Landes Sachsen Nr. 061 vom 26.2.1949 (über die Auswahl und die Aussonderung der Dokumente, die ihre praktische Bedeutung verloren haben)".
[7] GARF, fond 7077, op. 1, d. 33, Bl. 94 f., Befehl des Chefs der SMA-Verwaltung des Landes Brandenburg Nr. 0324 vom 11.8.1947: „Über die unerlaubte Vernichtung der Einnahme- und Ausgabedokumente, der Registerlisten des Wohnungs-, Trophäenguts und der Wertsachen in der Militärkommandantur des Kreises Luckau".

Alles schien seinen geregelten Gang zu gehen, als der Chef des sowjetischen Generalstabs und stellvertretender Minister der Streitkräfte, General Sergej M. Štemenko, im Dezember 1948 Außenminister Vjačeslav M. Molotov nach dem Verfahren der Abgabe der SMAD-Akten an die Archive fragte. Štemenko schlug vor, die Dokumente an die Hauptarchivverwaltung des sowjetischen Innenministeriums abzugeben, dem damals alle Staatsarchive unterstellt waren[8]. Die Dokumente der Besatzungstruppen, also der Gruppe der sowjetischen Besatzungstruppen in Deutschland, sollten weiter an das Archiv des Ministeriums für Streitkräfte gehen. Molotov leitete die Anfrage an seinen Stellvertreter Andrej Ja. Vyšinskij weiter und empfahl, die Meinung des Innenministers, mithin des „Kurators" des staatlichen Archivwesens, Sergej N. Kruglov, einzuholen.

Die Idee Štemenkos löste bei Kruglov keine Begeisterung aus. Das ist zum einen dadurch zu erklären, dass die Staatsarchive noch immer mit der Rückführung kriegsbedingt ausgelagerten Archivguts beschäftigt waren. Zum anderen entstand das Problem der fehlenden „freien Archivregale". Mit anderen Worten: es gab in den Archiven keinen Platz mehr für neue Dokumente. Schon im Laufe des Abtransports des in Deutschland beschlagnahmten Archivguts in die Verantwortung des Chefs der sowjetischen Hauptarchivverwaltung Generalmajor Vasilij D. Styrov, bat dieser die SMAD im März 1949, mit der Zusendung der deutschen Akten zur Spionage abzuwarten, denn die sowjetischen Archive hätten keine freien Magazine mehr[9]. Innenminister Kruglov schlug vor, alle SMAD-Akten an die Archivverwaltung des Außenministeriums abzugeben, weil „sie sich auf die verschiedenen Auslandsab-

---

[8] Der Hauptarchivverwaltung des Innenministeriums der UdSSR waren damals folgende zentrale Staatsarchive unterstellt: Zentrales Staatsarchiv der Oktoberrevolution und des sozialistischen Aufbaus, Zentrale Staatliche Historische Archive in Moskau und Leningrad, Zentrales Staatsarchiv alter Akten, Zentrales Staatliches Literaturarchiv, Zentrales Staatsarchiv für Kino-Phono-Photo-Dokumente, Zentrales Staatliches Militärgeschichtliches Archiv, Zentrales Staatsarchiv der Roten Armee, Zentrales Staatsarchiv der Kriegsflotte. Das Staatsarchiv der Kriegsflotte wurde zum historischen Archiv mit den aufbewahrten Beständen zentraler Militärbehörden bis zum Jahr 1940. Das Staatsarchiv der Roten Armee erhielt ab 1941 nur die Akten der Grenztruppen des Innenministeriums. Dagegen übernahmen das Archivgut von kämpfenden Streitkräften ab Kriegsbeginn 1941 zwei Behördenarchive, die bis heute außerhalb des Bereichs der staatlichen Archivverwaltung stehen: das Archiv des Volkskommissariats/Ministeriums für Streitkräfte der UdSSR und das Zentralarchiv der Kriegsflotte des Volkskommissariats/Ministeriums für die Kriegsflotte der UdSSR.
[9] GARF, fond 7317, op. 17, d. 32, Bl. 24, Vasilij D. Styrov an den Chef der Verwaltung für Innere Angelegenheiten der SMAD, Generalmajor Sergej F. Gorochov, vom 19. 4. 1949.

kommen beziehen und bei weiteren Verhandlungen genutzt werden können"[10]. Vyšinskij stellte die Vorschläge beider Ministerien zusammen und riet, die Akten der Besatzungstruppen ins Militärarchiv zu geben, die Akten der SMAD aber an die Staatsarchive[11]. Ausgenommen blieben davon die Akten des politischen Beraters[12] sowie SMAD-Unterlagen zu außenpolitischen Fragen. Diese sollte das Außenministerium erhalten. Molotov hatte nichts dagegen. Damit war im Mai 1949 die Aufteilung der SMAD-Bestände beschlossen.

2. Transfer und Teilung der SMAD-Aktenbestände

Im Sinne dieser Entscheidungen erhielt 1951 und 1954 das Zentrale Staatsarchiv der Oktoberrevolution der UdSSR (heute Staatsarchiv der Russischen Föderation) die ersten Akten der SMAD, und zwar einen sehr großen Komplex. Nicht nur die Akten der zentralen Verwaltungen der SMAD und der SMA-Verwaltungen der Länder, sondern auch die der Kommandanturen, Militärstaatsanwaltschaften, Kriegsspitäler, selbstständigen Bataillone, Sanatorien, Lager für die befreiten Kriegsgefangenen und andere; insgesamt mehr als 7000 Akten. Zum Vergleich: heute bewahrt das GARF etwa 12.000 SMAD-Akten auf. Am 1. August 2008 waren es insgesamt 12.435 deklassifizierte und geheime Archivalieneinheiten, die folgenden SMAD-Beständen beziehungsweise SMAD-bezogenen Beständen zugeordnet sind: SMAD und SMA-Verwaltungen der Länder (Fonds R-7317, R-7077, R-7103, R-7133, R-7184, R-7212), Partei- und Komsomolorganisationen der SMAD (Fonds R-5704, R-5707), Direktion der Eisenbahn und des Wasserwegeverkehrs der SMAD (Fonds R-7375), Chef der Rückwärtigen Dienste der Gruppe der sowjetischen Besatzungstruppen in Deutschland (Fonds R-7399), Zentrale Kommission für die Auflösung der SMAD (Fonds R-7405), die SMAD-Ver-

---

[10] RGASPI, fond 82, op. 2, d. 1034, Bl. 13, „Dokumente, die im Jahr 1949 namentlich an Molotov eingingen", Punkt 3, vom 20. 5. 1949.
[11] Es wurde nicht festgelegt, an welches Staatsarchiv genau die SMAD-Akten übergeben werden sollten.
[12] Von 1945 bis 1949 hatten den Posten des Politischen Beraters beim Chef der SMAD inne: Andrej Ja. Vyšinskij (30. 5.–6. 8. 1945), Arkadij A. Sobolev (6. 8. 1945–15. 5. 1946) und Vladimir S. Semenov (31. 5. 1946–17. 11. 1949). Sie übergaben ihre Akten an die Archivverwaltung des Außenministeriums der UdSSR bereits ab 1947. Vgl. Nadežda P. Mozžuchina, Dokumenty SVAG v Archive vnešnej politiki Rossijskoj Federacii [Die Dokumente der SMAD im Archiv für Außenpolitik der Russischen Föderation], in: Deutsch-Russisches Seminar zur Methodik der Erschließung von Archivdokumenten und der Schaffung eines wissenschaftlichen Rechercheapparates am Beispiel der SMAD-Überlieferung, Moskau 23.–25. 4. 2002, S. 59 f., hier S. 59.

lage „Tägliche Rundschau", „Sovetskoe slovo" und „Novosti" (Fonds R-7408, R-9433, R-9438), Mittelschulen und Internate der SMAD (Fonds R-9227), Abteilung der Speziallager des Innenministeriums der UdSSR in Deutschland (Fonds R-9409), Kulturhaus und Zentralklub der SMAD (Fonds R-9434, R-9435), Büro des „Spezialhandels" der Verwaltung der Handels- und Dienstleistungsbetriebe der SMAD (Fonds R-9436), Bevollmächtigter des Sonderkomitees für Deutschland beim Ministerrat der UdSSR (Fonds R-9437).

Doch das Archiv behielt nicht alle Akten, die es Anfang der 1950er Jahre übernahm, sondern gab zwischen 1953 und 1960 mit Ausnahme der Unterlagen aus den Verwaltungen der SMAD und der SMA große Teile an das Archiv des Verteidigungsministeriums ab. Zugleich erhielt es bis 1974 weitere Akten der SMAD aus verschiedenen anderen sowjetischen Behörden überwiesen: dem Archiv und der Hauptpersonalverwaltung des Verteidigungsministeriums der UdSSR, der sowjetischen Botschaft in der DDR, der Hauptarchivverwaltung und der 1. Sonderabteilung des Innenministeriums der UdSSR, dem Zentralen Staatsarchiv für Volkswirtschaft der UdSSR, der 1. und 4. Sonderabteilung des Ministeriums für den Schutz der öffentlichen Ordnung der RSFSR, dem Archiv des Staatskomitees für die Koordination Wissenschaftlicher Forschung beim Ministerrat der UdSSR sowie der Verwaltung der KPdSU.

Während des Transfers und der Teilung der Aktenbestände präzisierte jedes Archiv das inhaltliche Profil seines Teilbestands. So konzentrierte das Staatsarchiv der Oktoberrevolution in seinen Räumen die Akten des SMAD-Zentralapparats und der SMA-Verwaltungen. Die Archivverwaltung des Außenministeriums der UdSSR (heute Archiv für Außenpolitik der Russischen Föderation) übernahm zwischen 1947 und 1960 Akten mit Informationen zu außenpolitischen Fragen, mithin Akten des Politischen Beraters der SMAD, der Informationsverwaltung der SMAD, des Gehilfen des Stellvertreters des Oberbefehlshabers der SMAD im Kontrollrat sowie Akten des Alliierten Kontrollrats. Das Archiv des Verteidigungsministeriums der UdSSR[13] erhielt letztendlich nicht nur die Dokumente der Gruppe der sowjetischen Besatzungstruppen in Deutschland, wie es von Anfang an vereinbart war, sondern auch die der Kommandanturen, Militärstaatsanwaltschaften, Kriegsspitäler, Sanatorien, Lager der SMAD und so weiter.

---

[13] Die genaue Bezeichnung des Archivs wechselte mit den Umbenennungen des Ministeriums. Es hieß ab 15. 3. 1946 Ministerium für Streitkräfte der UdSSR, ab 25. 2. 1950 Kriegsministerium der UdSSR, von 15. 3. 1953 bis 1991 Verteidigungsministerium der UdSSR. Vgl. T. I. Nikitčenko, Chranilišče dokumentov Velikoj Otečestvennoj Vojny [Ein Aufbewahrungsort von Dokumenten des Großen Vaterländischen Kriegs], in: Sovetskie archivy 2 (1975), S. 44–47, hier S. 45.

Kaum bekannt ist, dass das Archiv des Verteidigungsministeriums noch Ende Oktober 1991, das heißt in den letzten Tagen der Sowjetunion, versuchte, die SMAD-Archivlandschaft zu verändern. Seine Leitung wandte sich an den Präsidenten der Sowjetunion mit der Bitte, alle SMAD-Bestände aus dem Staatsarchiv der Oktoberrevolution übernehmen zu dürfen. Die Hauptarchivverwaltung des Innenministeriums der UdSSR und das Staatsarchiv der Oktoberrevolution reagierten sofort. Sie schickten am 11. Dezember 1991 ein gemeinsames Gutachten an das Kabinett (das zu diesem Zeitpunkt allerdings aufgelöst war) und versuchten zu beweisen, dass der SMAD-Dokumentenkomplex gemäß der geltenden Rechtslage in den Staatlichen Archivfonds der Sowjetunion eingegliedert sei und nicht zur Aufbewahrung an das Verteidigungsministerium übergeben werden dürfe. Im Gutachten wurde betont, dass die „SMAD weniger militärische, als vielmehr Verwaltungsfunktionen ausübte, die alle Seiten des Lebens der Bevölkerung, die Tätigkeit der staatlichen Strukturen, die politischen Parteien und die Organisation des Wirtschaftslebens in der Besatzungszone Deutschlands" betrafen[14]. Daher gehöre die SMAD-Hinterlassenschaft ihrem Inhalt nach nicht in das Behördenarchiv des Verteidigungsministeriums, sondern müsse in Staatsarchiven der Sowjetunion aufbewahrt werden. Ein dokumentarischer Beweis für die Reaktion der obersten Leitung wurde nicht gefunden, es ist aber anzunehmen, dass keine erfolgte. Offensichtlich war die politische Führung im Dezember 1991 mit Wichtigerem, nämlich der Frage nach der Zukunft der Sowjetunion, befasst. Wo die SMAD-Akten am sinnvollsten zu lagern wären, war in diesem Augenblick zweitrangig. Das Verteidigungsministerium hatte für seinen Vorstoß den falschen Zeitpunkt gewählt, und das Staatsarchiv der Oktoberrevolution behielt seine SMAD-Akten.

3. Das Schicksal der SMAD-Dokumentation nach der Übergabe an die Archive: Kassation und (De-)Klassifizierung

Was geschah mit den SMAD-Akten nach ihrer Aufnahme in die Archive? Zunächst waren die Archivare bemüht, die zur Aufbewahrung übergebenen Akten zu ordnen und die Größe der Bestände zu optimieren. So wurden im Zentralen Staatsarchiv der Oktoberrevolution der UdSSR von 1958 bis 1961 vermutlich mehr als 10.000 Archivalien als nicht archivwürdig eingeschätzt und kassiert. Die meisten dieser Dokumente stellten Auszüge aus Befehlen

---

[14] GARF, fond 7317, Akte zum Bestand, Gutachten der Hauptarchivverwaltung vom 11. 12. 1991. Jeder Bestand hält in einer für die externe Benutzung nicht vorgesehenen „Akte zum Bestand" (delo fonda) Informationen zur Bestandsgeschichte fest.

dar sowie interne Finanzunterlagen und monatliche Tätigkeitsberichte der SMAD-Abteilungen. Auch im Archiv des Verteidigungsministeriums begann 1958 der gleiche Prozess der Bearbeitung der Bestände, der frühestens 1987 endete. Die meisten der Akten, die befristet aufbewahrt werden sollten, sind allerdings bis heute erhalten geblieben. Beim Versuch nachzuvollziehen, welche Dokumentenarten die Archivare des Verteidigungsministeriums vernichteten und nach welchen Kriterien sie vorgingen, war keine Einheitlichkeit festzustellen. Ein und dieselbe Kategorie von Akten, etwa Protokolle von Parteiaktivtagungen, Direktiven der SMA-Propagandaabteilungen und Anweisungen der Kommandanturen, politische Berichte, Berichte über die Demilitarisierung der deutschen Gesellschaft, Finanzdokumente, Schriftwechsel über Personalsachen, diverse Tätigkeitsberichte, waren bei der einen Bezirkskommandantur vernichtet worden, bei der anderen aber erhalten geblieben[15]. Diese Situation kann damit erklärt werden, dass es die Verordnung des sowjetischen Ministerrats „Über den Staatlichen Archivfonds der UdSSR und das Netz der Staatsarchive" von 1958 den Ministerialarchiven erlaubte, das Problem der Bewertung und Kassation eigener Akten selbst zu lösen[16]. Die Listen der Akten, die kassiert werden sollten, mussten nicht mehr zur Prüfung der Hauptarchivverwaltung des Innenministeriums vorgelegt werden, wie es bis dahin der Fall war.

Ähnlich kompliziert verliefen in den Archiven die Klassifizierung oder die Einstufung der Akten als Verschluss-Sachen. Die an das Zentrale Staatsarchiv der Oktoberrevolution der UdSSR übergebenen SMAD-Akten bestanden von Anfang an sowohl aus offenen als auch aus geheimen Dokumenten. 1961 schlug der zuständige Abteilungsleiter Dmitrij T. Subbotin seinem Archivdirektor Aleksandr G. Fedorov vor, die SMAD-Bestände an die Abteilung der Sonderbestände zu übergeben, weil sie „ihrem Charakter und ihrem Inhalt nach besondere Bedingungen der Aufbewahrung"' brauchten und „zu keiner Veröffentlichung und Einsichtnahme bestimmt" seien[17]. Infolge dieser Initiative wurden alle SMAD-Bestände klassifiziert. Ihre Entsperrung begann erst Ende der 1980er Jahre und wurde seit 2000 besonders

---

[15] Aufschluss geben schon die Findbücher (hier abgekürzt: op.) der SMAD-Kommandanturen. Darin finden sich Übergabe- und Übernahmeprotokolle mit Vermerken über vernichtete Akten.
[16] Vgl. Klavdija I. Rudel'son (Hrsg.), Ėkspertiza naučnoj i praktičeskoj cennosti dokumental'nych materialov Gosudarstvennogo archivnogo fonda Sojuza SSR [Expertise zum wissenschaftlichen und praktischen Wert der Dokumente im Staatlichen Archivfonds der Sowjetunion], Moskau 1959, S. 55 und S. 63.
[17] GARF, fond 7317, delo fonda, Subbotin an Fedorov vom 22.4.1961.

zielstrebig betrieben. 2008 waren dann nur noch 11 Prozent der SMAD-Dokumente des Staatsarchivs der Russischen Föderation geheim. Zum Vergleich: Im Archiv für die Außenpolitik Russlands sind noch etwa 30 Prozent der SMAD-Akten unter Verschluss[18].

Dagegen sind die meisten Akten der Kommandanturen im Archiv des Verteidigungsministeriums formell zugänglich, weil sie den Mitarbeiterinnen und Mitarbeiter des Archivs zufolge bereits deklassifiziert worden seien. Der Zugang für wissenschaftliche Zwecke bleibt trotzdem beschränkt, weil archivinterne Regelungen für jede einzelne Einsichtnahme gefunden werden, was der aktuellen Rechtslage durchaus entspricht. Die Unterlagen der Hospitäler und Militärstaatsanwaltschaften werden gänzlich geheim gehalten.

Abschließend soll auf die Dokumente der sowjetischen Organisationen in Deutschland hingewiesen werden, die zeitweise *bei* der SMAD tätig waren, nämlich die wissenschaftlich-technischen Abteilungen, Büros und Gruppen der Ministerien, die zwischen 1946 und 1949 der SMAD-Verwaltung zum Studium der wissenschaftlichen und technischen Errungenschaften Deutschlands unterstellt waren, insgesamt etwa 55 Abteilungen[19]. Diese Dokumente werden im Rahmen der Bestände der entsprechenden Ministerien und Behörden aufbewahrt, die meisten im Russischen Staatlichen Wirtschaftsarchiv.

---

[18] Vgl. Mozžuchina, Dokumenty SVAG, S. 59.
[19] Vgl. Christiane Künzel, Verwaltung zum Studium der Errungenschaften in Wissenschaft und Technik Deutschlands, in: Horst Möller/Aleksandr O. Tschubarjan (Hrsg.), SMAD-Handbuch. Die Sowjetische Militäradministration in Deutschland 1945–1949. Redaktion: Jan Foitzik, München 2009, S. 317–328, hier S. 325 f.; Vladimir V. Zacharov, Naučno-techničeskij transfer iz Germanii v SSSR v 1945–1949 gg. [Wissenschaftlich-technischer Transfer aus Deutschland in die UdSSR 1945–1949], in: ders. (Hrsg.), Dejatel'nost' Upravlenija SVAG po izučeniju dostiženij nemeckoj nauki i techniki v Sovetskoj zone okkupacii Germanii. 1945–1949 gg.: Sbornik dokumentov [Die Tätigkeit der Verwaltung der SMAD für das Studium der Errungenschaften der deutschen Wissenschaft und Technik in der Sowjetischen Besatzungszone Deutschlands. 1945–1949: Dokumente], Moskau 2007, S. 46–51.

DIE ENTSCHÄRFUNG DER DEUTSCHEN FRAGE

Gottfried Niedhart

Entspannung in Europa
Die Bundesrepublik Deutschland und der Warschauer Pakt
1966 bis 1975

Zeitgeschichte im Gespräch, Band 19
2014. 131 Seiten
Broschur 978-3-486-72476-9 € 16,95
ebook 978-3-486-85636-1 € 16,95
print + eBook 978-3-486-85637-8 € 29,95

Mitte der 1960er Jahre trat der Ost-West-Konflikt in eine neue Phase ein. Auf die Konfrontation im Kalten Krieg folgte die antagonistische Kooperation in der Ära der Entspannung. Die Bundesrepublik leistete einen wesentlichen Beitrag zu dieser Entwicklung: Sie entschärfte die deutsche Frage, indem sie die territoriale Nachkriegsordnung respektierte. Gottfried Niedhart analysiert die Schlüsselrolle der Bundesrepublik im europäischen Entspannungsprozess, der im Verständnis der Großen wie auch der sozial-liberalen Koalition der Überwindung des Status quo dienen sollte. Zugleich beleuchtet er die Politik des Warschauer Pakts, der zwar kein monolithischer Block war, dessen Mitgliedstaaten aber im Gegensatz zur Bundesrepublik Entspannung als Mittel zur Bewahrung des Status quo verstanden.

Gottfried Niedhart ist emeritierter Professor für Neuere Geschichte an der Universität Mannheim.

www.degruyter.com/oldenbourg

Kerstin Risse und Kerstin Weller
Dokumente der sowjetischen Besatzungsmacht im Bundesarchiv

1. Die Zuständigkeit des Bundesarchivs

Das Bundesarchiv verwahrt seiner Zuständigkeit entsprechend Unterlagen, die bei zentralen Stellen des Heiligen Römischen Reichs (1495 bis 1806), des Deutschen Bundes (1815 bis 1866), des Deutschen Reichs (1867/71 bis 1945), der Besatzungszonen (1945 bis 1949), der Deutschen Demokratischen Republik (1949 bis 1990) und der Bundesrepublik Deutschland (seit 1949) entstanden sind. Schriftliche Nachlässe von bedeutenden Personen, Unterlagen von Parteien, Verbänden und Vereinen mit überregionaler Bedeutung sowie verschiedenste thematisch relevante Sammlungen ergänzen das staatliche Archivgut. Diese nichtstaatliche Überlieferung gelangt durch eine aktive Erwerbs- und Übernahmepolitik ins Bundesarchiv oder ist das Ergebnis wissenschaftlicher Kooperationen.

Bis Ende der 1980er Jahre waren im Zentralen Staatsarchiv (ZStA) in Potsdam, das für das Archivgut der zentralen Behörden der SBZ/DDR zuständig war, lediglich einzelne Dokumente zur Tätigkeit der Sowjetischen Besatzungsmacht nachweisbar. Für die Bereiche Inneres und Justiz fehlten solche Dokumente, da dieses Schriftgut noch bis zum politischen Umbruch 1989/1990 in den Verwaltungsarchiven der Ministerien lagerte. Andere Ressorts wie die Ministerien für Staatssicherheit (MfS) und Auswärtige Angelegenheiten unterhielten eigene Archive, das Archivgut des Militärs wurde im Militärarchiv der DDR verwahrt. Mit der Auflösung der Behörden in der Endphase der DDR war das bis dahin noch in den Ministerien verwahrte Schriftgut zu sichern und zu übernehmen, was auch nach der im Zuge der Wiedervereinigung Deutschlands erfolgten Eingliederung des Zentralen Staatsarchivs und des Militärarchivs in das Bundesarchiv kontinuierlich fortgesetzt und letztendlich erfolgreich abgeschlossen werden konnte. Auch die Überlieferung wichtiger Dokumente aus der Besatzungszeit bei den zentralen staatlichen Behörden konnte somit gesichert werden.

2. Der Bestand Z 47 F Sowjetische Militäradministration in Deutschland (SMAD) 1945 bis 1949

Am 25. Oktober 1995 wurde zwischen dem Bundesarchiv und dem Föderalen Archivdienst Russlands ein „Arbeitsprotokoll zur Durchführung eines deutsch-russischen Gemeinschaftsprogramms zum Studium, zur Auswertung und zur Reproduktion der Akten der Sowjetischen Militäradministration in Deutschland" unterzeichnet. Im Zuge dieses umfangreichen Projekts wurden rund 10.000 Archivalien aus dem Staatsarchiv der Russischen Föderation in Moskau verfilmt, digitalisiert und erschlossen, die dem Benutzer im Bundesarchiv in Berlin direkt zugänglich sind und seit Februar 2012 vollständig recherchiert werden können[1].

Der Bestand Z 47 F ist ein Sammelbestand, der die Überlieferung von 18 Behörden und Institutionen der Besatzungsmacht vereint. Den wichtigsten Teil stellt das Schriftgut des zentralen Apparats der SMAD mit seinen fast 7400 Aktenbänden dar. Die Überlieferung der SMA-Verwaltungen der Länder Brandenburg (271 Akten), Mecklenburg-Vorpommern (circa 170 Akten), Sachsen (circa 330 Akten), Sachsen-Anhalt (315 Akten) und Thüringen (circa 220 Akten) fällt demgegenüber mit rund 1300 Akten weit weniger ins Gewicht. Weitere Unterlagen stammen aus der Grundparteiorganisation der Verwaltungen und Abteilungen der SMAD und der Leitung der Sowjetischen Kontrollkommission (Fonds R 5704), der Direktion für Eisenbahn- und Wasserverkehr der SMAD (Fonds R 7375), aus dem Kontor für Handelsunternehmen der SMAD (Fonds R 9436), der Zentralen Liquidationskommission der SMAD (Fonds R 7405) und anderen Sondereinheiten. Eine Aktenbeschreibung auf der Ebene der Aktentitel liegt als Findbuch vor[2].

Am Beginn des Projekts stand die Verfilmung der Akten. Die Filme wurden im Bundesarchiv registriert, eine Konkordanz Film-Aktennummer wurde

---

[1] Vgl. dazu den Beitrag von Kai von Jena in diesem Band.
[2] Fondy Sovetskoj voennoj administracii v Germanii v Gosudarstvennom archive Rossijskoj Federacii: Čast' 1. Katalog del fonda Sovetskoj voennoj administracii v Germanii (R-7317), 1945–1953 gg. [Bestände der Sowjetischen Militäradministration in Deutschland im Staatsarchiv der Russischen Föderation, Teil 1: Katalog der Akten im Bestand Sowjetische Militäradministration in Deutschland R-7317, 1945–1953]; Čast' 2. Katalog del fondov upravlenij Sovetskoj voennoj administracii v provincijach i federal'nych zemljach, drugich sovetskich organizacij v Germanii i Kontrol'nogo soveta Sojuznoj kontrol'noj vlasti. 1945–1950 gg. [Teil 2: Katalog der Akten der Bestände der Verwaltungen der Sowjetischen Militäradministration in den Provinzen und föderalen Ländern, anderer sowjetischer Organisationen in Deutschland und des Kontrollrats der alliierten Kontrollbehörden 1945–1950], Moskau 2004.

erstellt und ermöglichte den Zugriff auf die Unterlagen. Der Fortschritt der Technik erlaubte die weitere Erschließung der Unterlagen in einer Datenbank und die Digitalisierung der Dokumente. Die etwa 280.000 Dokumentenbeschreibungen können nun mit einer komfortablen Suchfunktion recherchiert werden. Fast 1,2 Millionen Filmaufnahmen können dadurch intensiv nach Forschungsschwerpunkten ausgewertet werden. Zusätzlich besteht die Möglichkeit, die einzelnen Akten „durchzublättern". Da die Filmsignaturen des Bundesarchivs in der Datenbank mit den einzelnen Dokumenten verknüpft sind, besteht die Möglichkeit, jederzeit auf die Filme zurückzugreifen. Das erweist sich bei Anfertigung einer größeren Anzahl von Kopien am Readerprinter als nützlich. Für wissenschaftliche Benutzer, die die politischen, kulturellen oder wirtschaftlichen Vorgänge in der SBZ erforschen, ist das Angebot dieses „elektronischen Katalogs" von großer Bedeutung. Mit seiner Hilfe lassen sich Handlungsspielräume und Entscheidungsprozesse aus der Perspektive der sowjetischen Besatzungsmacht erkennen. Aber auch für Benutzer, die nach heimatgeschichtlichen oder genealogischen Aspekten forschen, sind die Unterlagen wichtig. Kaum ein Bestand im Bundesarchiv ist so detailliert und vollständig erschlossen wie dieser. Es wurde festgehalten, ob das Dokument als Original, Abschrift oder handschriftliche Notiz in der Akte enthalten ist. Finden sich deutsche Schriftstücke, wurde dies hervorgehoben. Zusätzlich wurde für jede Akte und in der Datenbank für jedes Dokument der Seitenumfang angegeben. Diese Arbeiten erfolgten durch russische Archivare im GARF. Die Dokumente, wie sie hier virtuell einsehbar sind, liegen in diesem Registraturzusammenhang im GARF im Original vor. Veränderungen durch das Bundesarchiv haben nicht stattgefunden.

Auf einige Besonderheiten der übernommenen GARF-Bestände sei hier verwiesen: Fonds R-7317 enthält umfangreiche Personaldossiers deutscher politischer, gesellschaftlicher und staatlicher Funktionsträger in der SBZ (op. 64 mit 3225 Akten) sowie Personalbögen, Charakteristiken, Berichte, Schriftwechsel und andere Materialien betreffend deutsches Führungspersonal aus demokratischen Parteien, gesellschaftlichen Organisationen, Ministerien, Ämtern und der Wirtschaft (op. 65 mit 41 Akten), die von der Sowjetischen Kontrollkommission fortgeführt wurden. Die Akten laufen teilweise bis 1953 und enthalten Fragebögen, Lebensläufe oder Bewerbungen, die von deutschen Behörden an die SMAD gesandt wurden[3]. Fonds R-10134

---

[3] Ähnliche Dokumente sind auch im Bestand DO 1 Ministerium des Innern, Staatssekretariat für Innere Angelegenheiten/vorl. Personalakten (1949–1953) überliefert. Jedoch fehlt hier der Schriftverkehr mit der SMAD.

stellt eine Sammlung von Kopien der Dokumente der Alliierten Kontrollbehörde in russischer Sprache dar.

Einige umfangreiche Aktengruppen wurden nicht in das Gemeinschaftsprojekt einbezogen und fehlen vollständig. Es handelt sich dabei um den Personalbestand der SMAD und der SMA der Länder mit einem Umfang von etwa 2500 Akten. Die Befehle zum Personalbestand wurden allerdings vollständig in das Projekt einbezogen (Fonds R-7317, op. 63 mit 52 Akten).

Dem russischen Archivrecht entsprechend sind einige Akten und Dokumente noch nicht deklassifiziert, das heißt, sie sind für eine Einsichtnahme nicht freigegeben. Diese Unterlagen wurden nicht verfilmt oder digitalisiert. Den Verweis darauf findet man im Katalog oder auf der entsprechenden Dokumentenseite in der Datenbank. Weitere wichtige Überlieferungen der Besatzungsorgane der SBZ werden in den Archiven des russische Außenministeriums, des Verteidigungsministeriums und im heutigen RGASPI, dem früheren zentralen Parteiarchiv, verwahrt[4]. Eine besonders gravierende Lücke reißen hierbei die fehlenden Unterlagen der Militärkommandanturen, vor allem der Kommandantur Berlins, die im russischen Verteidigungsministerium liegen. Verhandlungen über die Fortführung des Gemeinschaftsprojekts finden zurzeit nicht statt.

„Bitte übersenden Sie mir den Text des SMAD-Befehl Nr. X vom 10.1.1946", so lauten am häufigsten die Anfragen zu konkreten Dokumenten aus dem Bestand Z 47 F. Die Besatzungspolitik wurde per Befehlen und Anordnungen der SMAD gegenüber der Bevölkerung geregelt. Die Befehle, Anweisungen und so weiter dienten aber auch dazu, Entscheidungen in den deutschen Verwaltungseinrichtungen der SBZ durchzusetzen. In großer Zahl wurden sie von den verschiedenen Dienststellen der SMAD erlassen. Alle Befehle hatten eine Nummerierung, die jedes Jahr im Januar neu erfolgte[5]. Dank der Datenbank ist der gesuchte Befehl, wenn die Nummer, das Erstellungsdatum und der Aussteller bekannt sind, schnell zu recherchieren[6]. Aufwändiger sind Recherchen mit vagen Angaben. „Ich kenne meinen Vater nicht. Er war sowjetischer Offizier und wurde im Herbst 1947 in die Sowjetunion zurückbeordert. Bis dahin war er in der Stadt X stationiert.

---

[4] Vgl. den Beitrag von Oxana Kosenko in diesem Band.
[5] Vgl. Inventar der Befehle des Obersten Chefs der Sowjetischen Militäradministration in Deutschland (SMAD) 1945–1949. Offene Serie, zusammengestellt und bearb. von Jan Foitzik, München 1995.
[6] Vgl. auch unten die Ausführungen zum Bestand DX 1.

Sind Unterlagen zu ihm in dem Bestand vorhanden?" Hier muss die Recherche durch den Anfragenden selbst durchgeführt werden.

Bisher bezogen sich wissenschaftliche Anfragen auf einzelne Aspekte der Besatzungspolitik, wie das Gesundheitswesen in der SBZ, das Eisenbahnwesen, den sowjetischen Einfluss auf die Musik. Gesucht wurden Quellen über den Bau der sowjetischen Ehrenmale in Berlin, die Lösung der Wohnungsfrage oder das Nachkriegsschicksal der Museumsbestände in Brandenburg. Für jedes Forschungsvorhaben sind russische Dokumentenpublikationen, die kontinuierlich und teilweise mit Unterstützung des Bundesarchivs erschienen sind, von grundlegender Bedeutung. Diese Dokumentenbände, die Bestände aus anderen russischen Archiven mit berücksichtigen, sollten im Vorfeld einer jeden Recherche einbezogen werden[7]. Wichtigstes Hilfsmittel ist das SMAD-Handbuch, das im Auftrag der „Gemeinsamen Kommission für die Erforschung der jüngeren Geschichte der deutsch-russischen Beziehungen" vom IfZ und vom Institut für allgemeine Geschichte der Russischen Akademie der Wissenschaften in Zusammenarbeit mit den Archiven im Jahr 2009 erstellt wurde. Es liegt, anders als der oben genannte Katalog, in deutscher und russischer Sprache vor und gibt einen detaillierten Einblick in die Rechtsgrundlagen, die formale und funktionale Organisation der SMAD[8].

Die Vorteile für die Forschung, die Bestände im Bundesarchiv Berlin einsehen zu können, sind offensichtlich. Der kurze Weg nach Berlin (statt nach Moskau), die Möglichkeit, in den Beständen der Abteilung DDR sofort vergleichende Recherchen durchführen oder in den einschlägigen Archiven der ostdeutschen Bundesländer weitere Nachforschungen betreiben zu können, sind ein wesentlicher Vorteil für die Wissenschaftler.

Auf einige, die Benutzung erschwerende Umstände, soll hier dennoch hingewiesen werden: Die Transkription deutscher Orts-, Personen- oder Firmennamen wurde nicht einheitlich vorgenommen, manchmal auch phonetisch umschrieben, manchmal haben sich Tippfehler eingeschlichen. Änderungen vorzunehmen ist nicht mehr möglich. Die Qualität mancher Aufnahme ist ungenügend, handschriftliche Vermerke sind dadurch besonders

---

[7] Die in der Reihe Sovetskaja Voennaja Administracija v Germanii (1945–1949). Dokumenty, materialy, issledovanija [Sowjetische Militäradministration in Deutschland (1945–1949). Dokumente, Materialien, Forschungen] herausgegebenen Dokumentenbände finden sich in der Übersicht von Felicitas Claus.
[8] Horst Möller/Alexandr O. Tschubarjan (Hrsg.), SMAD-Handbuch. Die Sowjetische Militäradministration in Deutschland 1945–1949. Redaktion: Jan Foitzik, München 2009.

schwer zu entziffern. Der Rückgriff auf den entsprechenden Film führt nicht immer zum Erfolg. In den historischen Abrissen zur Tätigkeit der einzelnen Verwaltungen der SMAD sind häufig Fotos enthalten, die sehr schlecht zu erkennen sind.

3. Der Bestand DX 4 Sammlung Sowjetische Speziallager 1945 bis 1950

Eine deutsch-russische Kooperation ermöglichte es, dass bisher unbekannte und nicht zugängliche Dokumente zu den sowjetischen Speziallagern in Deutschland aus dem russischen Staatsarchiv ausgewertet werden konnten. Das GARF und die Fernuniversität Hagen vereinbarten 1992 eine Zusammenarbeit über die gemeinsame wissenschaftliche Dokumentation und Nutzung des russischen Archivbestands zum Thema „Sonderlager in der SBZ/DDR 1945–1950"[9]. Schon frühzeitig war angedacht, die Dokumente des Projekts beim Bundesarchiv zu hinterlegen. Im Januar 2009 wurden dem Bundesarchiv vom Institut für Geschichte und Biographie „Deutsches Gedächtnis" der Fernuniversität Hagen Materialien, die im Zuge des Projekts entstanden sind, sowie Kopien von Dokumenten des GARF übergeben. Im November 2011 übernahm das Bundesarchiv eine Nachlieferung von Dokumentenkopien in Form eines Mikrofilms.

Im Bundesarchiv wurde für diese Unterlagen ein neuer Bestand gebildet: Die Sammlung DX 4 Sowjetische Speziallager 1945 bis 1950. Da für die Erschließung jedoch gute Kenntnisse der russischen Sprache erforderlich waren, mussten die Unterlagen zunächst unbearbeitet bleiben. Zwischen März 2011 und April 2012 wurde die Überlieferung des Bestands im Rahmen eines Werkvertrags abschließend archivisch aufbereitet. Als Ergebnis der Erschließungsarbeiten kann nunmehr ein Findbuch vorgelegt werden[10].

Für die Übergabe an das Bundesarchiv waren die bis dahin in Hängeablage verwahrten Materialien in Kartons verpackt worden. Die noch teilweise vorhandenen Karteireiter mit den Signaturen des GARF gaben eine grobe Orientierung für die Vorordnung. Die projektbegleitenden Unterlagen waren ohne weitere Ordnungskriterien lediglich als Materialsammlung überliefert. Alle Unterlagen erhielten im Zuge der Bearbeitung eine neue Signatur, die ermittelten Archivsignaturen des GARF wurden in einer Konkordanz erfasst. Die Erschließung der Archivalien erfolgte entsprechend

---

[9] Vgl. den Beitrag von Alexander von Plato in diesem Band.
[10] Vgl. die Einleitung zum Findbuch DX 4 Sammlung Sowjetische Speziallager 1945–1950; Bearbeiterinnen (2012) Christine Heitmann und Kerstin Risse, Bundesarchiv.

der im Bundesarchiv geltenden Richtlinien in der Datenbank BASYS. Die vorgefundene Ordnung blieb in der Regel erhalten, Kassationen wurden nicht vorgenommen; lediglich Doppelstücke wurden ausgesondert. Zumeist wurden die Bandfolgen chronologisch geordnet. Wo dieses nicht möglich war, wurden die Bände in Anlehnung an das Findbuch des GARF zum dortigen Originalbestand gereiht[11].

Das Bestandsverzeichnis ist in zwei Komplexe gegliedert: Projektunterlagen des Forschungsprojekts und Dokumente aus dem Staatsarchiv der Russischen Föderation. Der erste Komplex enthält die Unterlagen, die im Zusammenhang mit der Arbeit des Forschungsprojekts „Sowjetische Speziallager in der SBZ/DDR 1945 bis 1950" der Fernuniversität Hagen in Kooperation mit der Friedrich-Schiller-Universität Jena entstanden sind. Der zweite Komplex setzt sich aus den folgenden Untergruppen zusammen: „GARF Bestand 9409 Verzeichnis 1" sowie „Andere Bestände des GARF und Unterlagen mit nicht genau ermittelbarer Herkunft". Die Gliederung der ersten Untergruppe folgt weitgehend dem für den Bestand 9409 des GARF festgelegtem Klassifikationsschema, da hier der überwiegende Teil aus Kopien von Akten des Fonds 9409, op. 1 „Abteilung Speziallager des MWD der UdSSR in Deutschland" besteht. Zudem wurde an dieser Stelle ein Punkt „Speziallager 1 (Mühlberg)" eingeordnet, da sich unter den dem Speziallager Sachsenhausen zugeordneten Akten auch einige befanden, die offensichtlich der Registratur des Speziallagers Mühlberg entstammten[12].

Die ermittelten Archivsignaturen des GARF wurden erfasst und sind über eine Konkordanz auffindbar. Auch wurden an dieser Stelle die ermittelbaren Angaben zur Vollständigkeit der Materialien mit aufgenommen. Die als Papierkopien vorliegenden Akten sind oft unvollständig, teilweise enthalten sie auch nur einzelne Blätter. Im Gegensatz dazu sind die auf Mikrofiche oder Mikrofilm vorliegenden Akten häufig vollständig. Wenn hier etwas fehlt, so handelt es sich meistens nur um einzelne Blätter. Die entsprechenden Blätter sind dann auch zumeist nicht in der Originalakte im GARF vorhanden oder es handelt sich um leere Seiten, die nicht verfilmt wurden. Eventuell liegt auch ein Fehler bei der Nummerierung der Blätter vor. Im Ergebnis der archivischen Bearbeitung umfasst der Bestand nunmehr 560 Akteneinheiten mit einem Umfang von etwa 3,85 laufenden Metern.

---

[11] Besonders gilt dies für den Jahrgang 1945 der „Berichte über Belegungsveränderungen beim Spezkontingent im Speziallager Sachsenhausen" (DX 4/386, DX 4/406).
[12] Vermutlich erfolgte die unkorrekte Zuordnung in Folge der Umbenennung des ursprünglichen Speziallagers 7 in Sachsenhausen – nach der Schließung des Lagers Mühlberg Ende 1948 – in Speziallager 1.

Der im Bundesarchiv vorhandene Bestand enthält nur einen Teil des Fonds 9409, op. 1 des Staatsarchivs der Russischen Föderation[13]. Er besteht aus den Akten der den Lagern übergeordneten „Abteilung Speziallager des MWD der UdSSR in Deutschland" mit Sitz in Berlin sowie aus den Akten der verschiedenen Speziallager des NKWD/MWD in Deutschland, darunter Akten der Speziallager Nr. 1 (Mühlberg), Nr. 2 (Buchenwald), Nr. 4 beziehungsweise seit Ende 1948 Nr. 3 (Bautzen), Nr. 5 (Fürstenwalde/Ketschendorf), Nr. 6 (Jamlitz/Lieberose), Nr. 7 beziehungsweise seit Ende 1948 Nr. 1 (Sachsenhausen/Oranienburg), Nr. 9 (Fünfeichen/Neubrandenburg) und Nr. 10 (Durchgangsgefängnis in Torgau, Fort Zinna). Es fehlen Akten der Speziallager Nr. 3 (Berlin-Hohenschönhausen) und Nr. 8 (Torgau), die beide schon relativ früh (Oktober 1946 beziehungsweise Januar 1947) geschlossen wurden. Von der „Abteilung Speziallager des MWD der UdSSR in Deutschland" liegen Akten folgender Abteilungen vor: Sekretariat, Operative Abteilung, Abteilung Bewachung, Lagerordnung und Statistik, Kaderabteilung, Finanzabteilung, Wirtschaftsabteilung, Sanitätsabteilung.

Auch die einzelnen Speziallager gliederten sich in verschiedene Abteilungen: Sekretariat, Lagerregistratur[14], Bewachung und Lagerordnung, Finanzen, Wirtschaft, Sanitätsabteilung beziehungsweise Apotheke. Nicht zu jedem Lager liegen zu jeder dieser Abteilungen tatsächlich Unterlagen vor. Der Schwerpunkt liegt bei den Lagerregistraturen. Abgesehen vom Lager Nr. 6 (Jamlitz/Lieberose), zu dem im Bestand DX 4 überhaupt nur eine Akte vorliegt, finden sich hier zu jedem Lager Statistiken zur Belegung. Diese wurden unter verschiedenen Titeln verzeichnet, haben jedoch alle einen ähnlichen Inhalt. Es finden sich Statistiken zur Belegung des jeweiligen Lagers mit Hinweisen auf Nationalitätenzugehörigkeit, Kategorien der Gefangenen (etwa „Spione", „Diversanten", „Terroristen", „aktive Mitglieder der NSDAP"), die

---

[13] Der Originalbestand im GARF umfasst nach den Angaben im Findbuch 831 Archivguteinheiten. Nicht zur Auswertung zur Verfügung gestellt worden waren den Mitarbeitern des Projekts alle Akten der Operativen Abteilungen, da darin Unterlagen zur geheimdienstlichen Tätigkeit enthalten sind, sowie personenbezogene Akten. Vgl. Die Speziallager der SBZ im Überblick, in: Peter Reif-Spirek/Bodo Ritscher (Hrsg.), Speziallager in der SBZ. Gedenkstätten mit „doppelter Vergangenheit", Berlin 1999, S. 126; die folgenden Angaben zu den Speziallagern Hohenschönhausen und Torgau finden sich ebenda.
[14] Die Übersetzung der Strukturbezeichnungen wurde durch eine Bearbeiterin im Forschungsprojekt der Fernuniversität Hagen vorgenommen und vom Bundesarchiv übernommen. Jedoch wäre hier die Bezeichnung Abteilung für Statistik und Registrierung der Gefangenen besser geeignet, da sie den Aufgabenbereich dieser Abteilung klarer beschreibt.

einweisende Stelle und das Aufnahmedatum, das Alter, bei Verurteilten auch die Dauer der verhängten Strafe. Zusätzlich zu den Statistiken findet man hier Belegdokumente für die Zu- und Abgänge.

Diese Belege sind bei Zugängen vornehmlich Aufnahmeprotokolle und Namenslisten von Gefangenentransporten, eventuell mit Begleitschreiben der einliefernden Stellen. Bei den Abgängen gibt es verschiedene Möglichkeiten: Gefangene wurden an andere Stellen (operative Gruppen oder Sektoren des NKWD/MWD, Militärtribunale, Strafbataillone) oder zu Arbeitseinsätzen übergeben, es gab Entlassungen, Todesfälle, Fluchten, Verlegungen in andere Speziallager und Gefängnisse. Auch hierzu finden sich wieder Protokolle und Namenslisten, aber auch Berichte oder Bescheinigungen. Urteile von Militärgerichten können als Belege ebenso beigefügt sein, entweder dafür, dass ein Gefangener als Verurteilter nun in ein anderes Gefängnis zu verlegen, oder doch zumindest dafür, dass er in der Statistik nunmehr bei den Verurteilten aufzuführen war. Die Arten der Dokumente, die hier als Belege verwandt wurden, sind also sehr vielfältig. Bei der Verzeichnung wurden diese üblicherweise enthaltenen Unterlagen nicht extra in den Enthält--Vermerk aufgenommen, da der Vermerk sonst bei jeder Akte gleich oder zumindest sehr ähnlich wäre. Nur wenn sich etwas Ungewöhnliches findet, wird es extra erwähnt, etwa die Aufnahme von Kriegsgefangenen in die Speziallager, Deportationen in die UdSSR, eine hauptsächlich die internierten Deutschen betreffende Entlassungsaktion im Sommer 1948.

Die Statistiken und die Dokumente über die Belegung der Lager haben sich mit der Zeit verändert. Zu Beginn, im Frühjahr 1945, sind häufig nur Namenslisten und Protokolle über die (massenhafte) Aufnahme von Gefangenen enthalten, Statistiken über die Belegung fehlen anfangs völlig und sind anschließend weniger umfangreich und detailliert als das später der Fall ist. Die enthaltenen Namenslisten können von ihrem Informationsgehalt sehr unterschiedlich ausfallen. Neben sehr knappen Listen mit Nummer, Name, Geburtsjahr und eventuell noch Nationalität oder dem Grund der Verhaftung kommen auch Listen mit umfangreichen Angaben zu Ort und Zeitpunkt der Verhaftung, Schulbildung und beruflicher Ausbildung des Gefangenen, Geburtsort, Adresse, eventuell Funktionen in der NSDAP und so weiter vor.

Bei den Akten der übergeordneten Stelle, dem Sekretariat der Abteilung Speziallager, finden sich auch Unterlagen zu einzelnen Lagern und Gefängnissen, die sonst nicht oder nur mit wenigen Akten vertreten sind. Beispiel dafür sind Unterlagen zum Gefängnis Nr. 5 in Strelitz, zum Speziallager Nr. 8 in Schneidemühl, zum Speziallager Nr. 3 in Berlin-Hohenschönhausen. Bei der Finanzabteilung sind die Liquidationsabschlüsse der Speziallager Nr. 5 (Ketschendorf) und Nr. 6 (Jamlitz) überliefert, zu denen unter den jeweiligen Klassifikationspunkten (Speziallager 5 beziehungsweise Speziallager 6) nur Unterlagen der Lagerregistraturen vorliegen. Ebenso finden sich hier Unterlagen zum Speziallager Nr. 8 (Torgau). Auch liegt bei der Wirtschaftsabteilung die Liquidationsakte des Speziallagers Nr. 3 (Berlin-Hohenschönhausen) mit Unterlagen zu dessen Auflösung vor. Bei den Akten des Speziallagers Nr. 10 in Torgau finden sich auch solche des (Deportations-) Gefängnisses Nr. 7 beim Speziallager Nr. 6 in Frankfurt an der Oder, das offensichtlich Vorgängerinstitution des Speziallagers Nr. 10 war.

Der Bestand DX 4 Sowjetische Speziallager bezieht sich überwiegend auf natürliche Personen. Er wird deshalb ausschließlich für wissenschaftliche Forschungen zur Verfügung gestellt. Das Archivgut unterliegt gemäß Paragraph 5 des Bundesarchivgesetzes Schutzfristen. Bei einer Schutzfristverkürzung ist es notwendig, dass der Benutzer sich verpflichtet, Auflagen einzuhalten, die eine Beeinträchtigung schutzwürdiger Belange ausschließen. Anfragen privater Natur sind am besten an die Stiftung Sächsische Gedenkstätten (Dokumentationsstelle) zu richten. Für die Auswertung der Bestände Z 47 F und DX 4 ist die Kenntnis der russischen Sprache unbedingt erforderlich[15].

4. Ergänzende Überlieferung mit Bezug zur SMAD

Die Deutschen Zentralverwaltungen in der SBZ übten ihre Tätigkeit unter Aufsicht der SMAD aus und arbeiteten entsprechend der von der SMAD erlassenen Befehle und Direktiven. In den Ministerialbeständen der DDR, die auch die Überlieferung ihrer Vorgängerinstitutionen in sich vereinen, finden sich dementsprechend Akten zur Zusammenarbeit mit der SMAD in Form von Korrespondenz und Besprechungsprotokollen. Anhand der Akten lässt sich zumindest zum Teil die Umsetzung von SMAD-Befehlen in den verschiedenen Arbeitsbereichen rekonstruieren[16]. So existierte bei der Deutschen Zentralfinanzverwaltung eine Dolmetscherabteilung, die Schreiben der Finanzverwaltung der SMAD übersetzte. 120 Akten füllt die chronologi-

---

[15] Für Akten aus den beiden vorgenannten Beständen gilt folgende Zitierweise: Bundesarchiv (offizielle Abkürzung: BArch), Z 47 F/Filmnummer/fond/opis'/delo beziehungsweise DX 4/Archivnummer.

[16] Vgl. Isgard Löffler, Vortrag zum Deutsch-Russischen Seminar zur Methodik der Erschließung von Archivdokumenten und der Schaffung eines wissenschaftlichen Rechercheapparates am Beispiel der SMAD-Überlieferung, Moskau, 23.–25. 4. 2002; das Folgende nach ebenda.

sche Ablage, die in ihrer Komplexität einmalig unter den Überlieferungen der Ministerialbeständen ist. Sie „spiegelt für die Bereiche Finanzen, Haushalt und Steuern den Aufbau völlig neuer Strukturen und neuer Gesetzlichkeiten am anschaulichsten wider".

Zu Fragen der Sequestrierung und Beschlagnahme wie auch zur Verwaltung und Verwertung des sequestrierten Vermögens ist im Bundesarchiv der Bestand DO 3 Zentrale Deutsche Kommission für Sequestrierung und Beschlagnahme einschlägig. Neben entsprechenden SMAD-Befehlen sind Unterlagen zum Wirken der SMAD-Kontrollkommission für Sequestrierung und Beschlagnahme in Form von Schriftwechseln, Tätigkeitsberichten oder auch Eingaben von Privatpersonen überliefert. Die Sequesterlisten enthalten als Arbeitslisten Ergänzungen und Streichungen, jedoch keinen abschließenden Zeichnungsvermerk der SMAD.

In anderen Beständen ostdeutscher Provenienz sind die Unterlagen in Aktengruppen mit Titeln wie „Anleitung und Kontrolle durch die SMAD" oder „Zusammenarbeit mit sowjetischen Besatzungs- und Kontrollorganen" zusammengefasst. So enthalten die Bestände DM 1 Ministerium für Verkehrswesen etwa 230 Akten, DK 1 Ministerium für Land-, Forst- und Nahrungsgüterwirtschaft etwa 90 Akten, DL 1 Ministerium für Handel und Versorgung etwa 55 Akten und DR 2 Ministerium für Volksbildung etwa 40 Akten. In den Beständen anderer Ministerien, etwa in den Wirtschaftsbeständen DG 2 Ministerium für Schwerindustrie und DG 4 Ministerium für Leichtindustrie oder DQ 2 Ministerium für Arbeit und Berufsausbildung, finden sich hingegen nur sehr wenig speziell gebildete Akten zum Wirken der SMAD.

Insgesamt fällt für die Bestände der Abteilung DDR auf, dass der „Umfang konkreter russischer Dokumente mit dem Absender SMAD, neben den Befehlen, relativ gering, auch gemessen am Gesamtumfang der Bestände" ist. Inwieweit sich das aus Aktenverlusten, Kassationen, der gängigen Kommunikation zwischen Besatzungsmacht und deutschen Behörden oder auch aus dem damaligen Verwaltungsaufbau erklären lässt, wäre noch zu erforschen.

Bereits im Zentralen Staatsarchiv der DDR wurde eine Sammlung der SMAD-Befehle angelegt, die aus den Aktenbeständen der DDR-Behörden zusammengetragen wurde. Die Sammlung, der jetzige Bestand DX 1, umfasst rund 760 sogenannte offene, das heißt nicht geheime Befehle der Jahre 1945 bis 1949, darin enthalten auch Befehle der Länder-SMA. Das entspricht nur einem Bruchteil der im Bestand Z 47 F enthaltenen sowjetischen Befehle. Allerdings sind in der Sammlung häufig die deutschsprachigen Übersetzungen und Hinweise über die amtliche Bekanntmachung enthalten. Der größte

Teil der Sammlung – mehr als 1200 Verzeichnungseinheiten – ist online recherchierbar.

In den Überlieferungen des Ministeriums des Innern (MdI) und des Ministeriums der Justiz der DDR im Bundesarchiv ist eine große Anzahl von Akten im Zusammenhang mit Verurteilungen, beispielsweise nach SMAD-Befehl 201 und Kontrollratsdirektive 38, sowie zum Vollzug der Untersuchungshaft/Haftstrafen in den Vollzugseinrichtungen des MdI vorhanden. Im Bestand DO 1 Ministerium des Innern sind Karteien zu den 1950 durch den Strafvollzug des MdI übernommenen Verurteilten der Sowjetischen Militärtribunale (SMT) und den Verurteilten des Landgerichts Chemnitz in Waldheim zu finden, außerdem mehr als 5500 Gefangenenakten[17]. Schicksale erhalten durch Fotoaufnahmen ein Gesicht. Da die Registrierung der Unterlagen fast ausschließlich personenbezogen erfolgte, war der Zugang zu den Akten anfangs vor allem über die entsprechenden Personenkarteien möglich[18]. Akten von Gefangenen der Strafvollzugsanstalten Torgau und Hoheneck sowie die Gefangenen-/Strafakten der Waldheim-Verurteilten waren nicht verkartet, für sie lagen zur Zeit der Übernahme durch das Bundesarchiv nur Listen vor. Im Rahmen der Bearbeitung der Überlieferung des NS-Archivs des MfS im Bundesarchiv wurden all diese Gefangenenakten 1999 in den Bestand DO 1 Ministerium des Innern, Verwaltung Strafvollzug eingegliedert. Seit 2005 sind die Akten erschlossen und können für wissenschaftliche Forschungen, zur Aufklärung von Einzelschicksalen bei Rehabilitierungsersuchen oder bei der Erforschung der Familiengeschichte eingesehen werden. Mehrere Nachlässe ergänzen dieses Kapitel der über viele Jahre in der DDR totgeschwiegenen deutschen Geschichte. Verwiesen sei auf den Nachlass N 2578 Hartwert Haedicke. Der Nachlass Haedicke wurde dem Bundesarchiv zusammen mit weiteren Unterlagen 2012 von seiner Tochter Evelyn Kretzschmar übergeben; Haedicke gehörte zur Gruppe der in Moskau Erschossenen[19].

Auch die Bestände der Stiftung Archiv der Parteien und Massenorganisationen mit ihren 12.000 laufenden Metern an Akten und umfangreichen

---

[17] Überliefert sind mehr als 3300 Prozess- und Vollzugsakten der Verurteilten der Waldheimer Prozesse und mehr als 2200 Vollzugs- und Krankenakten zu SMT-Verurteilten und Verurteilten der Waldheimer Prozesse.
[18] Das Aktenkonvolut befand sich im Moment des Zusammenbruchs der DDR im Archiv des MfS. Gemäß Stasi-Unterlagengesetz verblieben die Personenkarteien auch nach Übernahme der Gefangenenakten durch das Bundesarchiv im BStU-Archiv.
[19] Vgl. auch Arsenij Roginskij u. a. (Hrsg.), „Erschossen in Moskau..." Die deutschen Opfer des Stalinismus auf dem Moskauer Friedhof Donskoje 1950–1953, Berlin 2005.

Bibliotheksbeständen bergen vielfältige Belege für die Zusammenarbeit mit der SMAD. Dies gilt in erster Linie für die Akten der SED (DY 30) und die Nachlässe führender Staatsfunktionäre wie Walter Ulbricht (NY 4182), Wilhelm Pieck (NY 4036) und Otto Grotewohl (NY 4090). In der Bibliothek des Bundesarchivs liegen zudem die verschiedenen Ausgaben der deutschsprachigen Tageszeitung „Tägliche Rundschau" zwischen 1945 und 1955 fast lückenlos im Original vor. Die für die Mitarbeiter der SMAD bestimmte Tageszeitung „Sovetskoe slovo" ist für die Jahrgänge 1948 und 1949, wenn auch lückenhaft, vorhanden[20]. Das Bundesarchiv verfügt also über Quellen, die man dort nicht unbedingt vermuten würde. Wenn es gelungen ist, interessierte Experten und Laien darauf aufmerksam zu machen, hat dieser Beitrag sein Ziel erreicht.

---

[20] Im Bestand Z 47 F ist die Überlieferung der beiden Verlage enthalten (Fonds R-7408 und Fonds R-9433).

Jan Foitzik
Deutsch-russische Forschungen zur SMAD am Institut für Zeitgeschichte

1. Das Gesamtprojekt und seine Pilotphase

Am 1. November 2000 startete in Moskau mit der ersten Besprechung der deutschen Arbeitsgruppe im Botschaftsrestaurant, „bei Aloys", das Pilotprojekt „Die Politik der SMAD auf dem Gebiet der Kultur, Wissenschaft und Bildung". Teilnehmer der Arbeitsbesprechung waren vier Archivare, darunter zwei Vertreter des Bundesarchivs, und ich als Projekt-Historiker. Eine schriftliche Konzeption lag nicht vor. Aus einigen Anrufen aus Koblenz konnte zwar geschlussfolgert werden, dass es im Bundesarchiv genaue Vorstellungen über das Aktenerschließungsprojekt und den Einsatz eines Historikers gab. Dass zu seiner Aufgabe – in Zusammenarbeit mit einem russischen Kollegen – auch die Erstellung einer sachthematischen Edition gehörte, erfuhr ich aber erst an diesem 1. November. In seiner Eigenschaft als Direktor des IfZ hatte mich Horst Möller zuvor telefonisch angewiesen, in Moskau selbstständig und auf Sicht vorzugehen. Es herrschte noch keine Klarheit über das Pilotprojekt, auch nicht über die Funktion der erst 1998 konstituierten Gemeinsamen Kommission, die noch einige Zeit brauchte, um ein für beide Seiten tragbares Aufgabenverständnis zu entwickeln.

Diese Episode kennzeichnet den zunächst experimentellen Charakter und die beiderseitigen Unsicherheiten der deutsch-russischen Kooperation bei der Erschließung und wissenschaftlichen Auswertung sowjetischer Akten zur deutschen Nachkriegsgeschichte. Die Tatsache, dass der Auftrag an die beiden Historiker von der Gemeinsamen Kommission kam und die beiden Vorsitzenden dieser Kommission zugleich Direktoren namhafter Institute waren, galt als eine gewisse Garantie für weiterführende Erträge des Projekts.

Im Rahmen des Pilotprojekts verzeichneten von November 2000 bis Ende Februar 2001 zwei deutsche Archivare sogenannte Kulturbetreffe aus Akten des SMAD-Bestands im GARF. Sie gingen nach deutschen archivfachlichen Regeln vor, nachdem der beteiligte deutsche Historiker die Aktenbände durchgesehen und darin editionswürdige Dokumente als für die Verzeichnung obligatorisch markiert hatte. Die Ergebnisse veröffentlichten die Archivleitungen beider Länder 2002[1].

---

[1] Vgl. Sachthematisches Inventar zur Kulturpolitik der Sowjetischen Militäradministration in Deutschland (SMAD) 1945–1949, hrsg. vom Föderalen Archivdienst Russ-

Der archivfachliche Teil des Gesamtprojekts und aus dieser Perspektive auch die komplexe Einbettung des Pilotprojekts in das „Gemeinschaftsprogramm zum Studium, zur Auswertung und zur Reproduktion der Akten der Sowjetischen Militäradministration in Deutschland", das institutionell zwischen der Gemeinsamen Kommission, dem Bundesarchiv, der Russischen Archivverwaltung, dem Staatsarchiv der Russischen Föderation und den beteiligten zeithistorischen Instituten – dem Institut für Allgemeine Geschichte der Russischen Akademie der Wissenschaften und dem IfZ – angesiedelt war, sind von den beteiligten deutschen Archivaren seither mehrmals in die Öffentlichkeit getragen worden[2]. In das Gesamtgeschehen war auch das Zentrum für Zeithistorische Forschung in Potsdam (ZZF) involviert, in dessen Auftrag unter der Leitung von David Pike (University of North Carolina/ Chapel Hill) russische und deutsche Historiker parallel zum Pilotprojekt der Gemeinsamen Kommission an Analysen und Editionen aus Akten des SMAD-Bestands zu arbeiten begannen. Konkret bereiteten sie damals eine Monografie zum Thema „Befehle und Anordnungen der SMAD als historische Quelle" sowie die Edition von Dokumenten der SMAD zu verschiedenen Themen vor[3]. Das ZZF erweiterte später seine Projektvorhaben[4]. Und auch im hier beschriebenen IfZ-Projekt folgte aus der Erkenntnis, dass man die inneradministrative Organisationsdynamik der SMAD unterschätzt hatte, die spätere Entscheidung, die im Rahmen der Arbeiten am SMAD-Handbuch erarbeiteten Daten- und Dokumentensammlungen für weitere Studien und Editionsvorhaben zu nutzen[5]. Außerhalb des skizzierten Rahmens

---

lands, dem Bundesarchiv und dem Staatsarchiv der Russischen Föderation, Koblenz 2002.
[2] Vgl. die Beiträge von Kai von Jena sowie von Kerstin Risse und Kerstin Weller in diesem Band.
[3] Geplant waren Dokumentationen zu folgenden Themen: „Die Tätigkeit der SMAD zur Demilitarisierung der sowjetischen Besatzungszone Deutschlands 1945–1949", „Die Tätigkeit der sowjetischen Militärkommandanturen zur Beseitigung der Folgen des Krieges und bei der Organisation des friedlichen Lebens in der sowjetischen Besatzungszone Deutschlands 1945–1949", „Dokumente des zentralen Apparats der SMAD und der SMA der Länder", „Die SMAD und die Formierung der administrativen Organe in Ostdeutschland 1945–1948", „Die SMAD und das parteipolitische System in der sowjetischen Besatzungszone Deutschlands 1945–1949". Vgl. dazu den Tätigkeitsbericht des ZZF für 2001–2003; www.zzf-pdm.de/Portals/_Rainbow/ images/berichte/jb2001_03.pdf.
[4] Vgl. insbesondere den ZZF-Tätigkeitsbericht für 2004/05 sowie die Jahresberichte für 2009, 2010 und 2011; www.zzf-pdm.de/site/371/default.aspx.
[5] Es folgten die Editionen: Jan Foitzik (Hrsg.), Sovetskaja politika v otnošenii Germanii 1944–1954. Dokumenty [Die sowjetische Deutschlandpolitik 1944–1954. Do-

entstand zudem eine Dokumentation über die sowjetischen Geheimdienste in der SBZ/DDR als Gemeinschaftsprojekt des IfZ und der Stiftung Demokratie Moskau; sie wurde von der Berliner Bundesstiftung zur Aufarbeitung der SED-Diktatur gefördert.

Das Koordinationskomitee der speziell für das Gesamtprojekt gebildeten russischen Verlagsreihe „Sovetskaja Voennaja Administracija v Germanii (1945–1949). Dokumenty, materialy, issledovanija" weist neun Namen aus, die für acht russische, deutsche und US-amerikanische Institutionen stehen; die russische Titelei des SMAD-Handbuchs verzeichnet sechs Institutionen als kollektive Herausgeber. Ohne auf Einzelheiten einzugehen, kann einschränkend festgehalten werden, dass diese institutionelle Komplexität indirekt auch eine gewisse Mystifizierung des sowjetischen Archivfundus und seiner Erschließung in der durch Konkurrenz geprägten deutschen und internationalen Wissenschaftslandschaft spiegelte. Deshalb stellte die Zentrierung des Gesamtvorhabens um die archivpolitischen Interessen des Bundesarchivs eine optimale organisatorische Konstruktion dar, die auch zum Gelingen des wissenschaftlichen Programms wesentlich beitrug.

Aus wissenschaftlicher Perspektive ermöglichte das Pilotprojekt zum einen eine ebenso breite wie intensive und systematische Auseinandersetzung mit der administrativen Hinterlassenschaft der SMAD. Zum anderen führten die in der ersten Projektphase aufgetretenen archivfachlichen, -rechtlichen und -technischen Probleme zu dem Entschluss, dass das archivpolitische Interesse des Bundesarchivs auch im Interesse der Forschung zu unterstützen war, der geschichtswissenschaftliche Teil des Gesamtvorhabens aber vom archivfachlichen Bereich getrennt werden sollte. Bereits im ersten „Protokoll über die Durchführung des deutsch-russischen Gemeinschaftsprogramms zum Studium, zur Auswertung und zur Mikroverfilmung von Dokumenten der Sowjetischen Militäradministration in Deutschland", das Vertreter von Bundesarchiv, GARF und IfZ am 28. Februar 2001 unterzeichneten, wurde deshalb als Arbeitsziel neben der vereinbarten „Kulturedition" (Pilotprojekt) auf Antrag des IfZ auch ein „SMAD-Organisationshandbuch" aufgenommen (später SMAD-Handbuch genannt), um auf der Grundlage verwaltungstechnischer Daten ein Hilfsmittel zu erarbeiten, das sowohl den Besonderheiten des speziell im GARF deponierten Aktenbestands als

---

kumente], bearb. von Andrej V. Doronin und Maksim A. Per'kov, Moskau 2011; Jan Foitzik (Hrsg.), Sowjetische Interessenpolitik in Deutschland 1944–1954. Dokumente, München 2012; Jan Foitzik (Hrsg.), Sowjetische Kommandanturen und deutsche Verwaltung in der SBZ und frühen DDR. Dokumente, München 2014.

auch der Lage in den russischen Archiven Rechnung tragen und weitere Forschungen an deutschen Archivbeständen erleichtern sollte. Außerdem hielt das Protokoll fest, dass neben den obligatorischen russischsprachigen auch deutschsprachige Editionen erstellt werden durften, wobei ausdrücklich die Forschungsfreiheit festgehalten wurde. Beides erwies sich später als überaus wichtig. Gleich hier soll betont werden, dass bei allen Bänden des Projekts beide Sprachausgaben separat voneinander erstellt wurden, so dass es sich also bei den deutschen Fassungen um Übersetzungen aus originalen Aktenkopien handelt und nicht um Übersetzungen der russischen Editionstexte. Außerdem führten auch deutsche Autoren Archivrecherchen grundsätzlich selbst am Aktenbestand durch, wobei der deutsche und der russische Arbeitsbereich technisch voneinander getrennt blieben.

Warum man die Kulturpolitik der SMAD als thematischen Schwerpunkt des Pilotprojekts wählte, lag auf der Hand: Ein rascher Zugriff sollte helfen, erste wichtige Erfahrungen zu sammeln. Offensichtlich machte die russische Seite den Vorschlag, denn im deutschen Archivwesen wird strikt am Provenienzprinzip festgehalten, „ohne in die Akten zu schauen", wie es verkürzt heißt. Die offizielle Sprachregelung lautete, dass zu diesem Zeitpunkt nur die Kulturbetreffe des SMAD-Bestands archivrechtlich entsperrt waren. Tatsächlich waren sie im Rahmen eines anderen deutsch-russischen Kooperationsprojekts, geleitet von Manfred Heinemann (Technische Universität Hannover)[6], durch russische Archivare auf der Dokumentenebene sogar schon verzeichnet worden. Möglicherweise dienten diese Vorarbeiten der russischen „Desekretierungskommission" als Arbeitsgrundlage. Ein Vorlauf bestand auf russischer Seite auch im Bereich der Forschung, allerdings nicht spezifisch zur Geschichte der Kulturpolitik[7]. Es gelang uns später, an diesen Vorprojekten beteiligte russische Experten erfolgreich in unsere Vorhaben zu integrieren.

---

[6] Vgl. den einleitenden Beitrag von Detlev Brunner und Elke Scherstjanoi in diesem Band.
[7] Vgl. Dmitrij Nikolaevič Filippovych, Sovetskaja voennaja administracija v Germanii: voenno-političeskij aspekt dejatel'nosti (1945–1949 gg.) [Die SMAD. Militärpolitischer Aspekt ihrer Tätigkeit (Jahre 1945–1949)], Moskau 1995; Vladimir Vladimirovič Zacharov/Dmitrij Nikolaevič Filippovych/Manfred Chajnemann[Heinemann], Materialy po istorii sovetskoj voennoj administracii v Germanii 1945–1949 gg: naučno-spravočnoe izdanie [Materialien zur Geschichte der sowjetischen Militäradministration in Deutschland 1945–1949: Wissenschaftliches Nachschlagewerk], Vyp. 1 [Ed. 1]: Političeskie struktury SVAG [Die politischen Strukturen der SMAD], Vyp. 2 [Ed. 2]: Silovye struktury SVAG [Die Machtstrukturen der SMAD], Moskau 1998/99; Dmitrij Nikolaevič Filippovych/Manfred Chajnemann[Heinemann], Kto byl kto v sovetskoj voennoj administracii v Germanii 1945–1949 [Wer war wer in der SMAD

Aufgrund der unterschiedlichen Wissenschaftstraditionen bot das Pilotprojekt durchaus besondere Herausforderungen. In organisationstechnischer Hinsicht, etwa bezüglich der Arbeitsschritte und rechtlichen Absicherungen, ließen sich wichtige Erfahrungen sammeln. So galt es zu beachten, dass bei den östlichen Partnern Praktiken, die in Deutschland nur gewohnheitsrechtlich geregelt sind, traditionell positivrechtlich normiert sind. Beispielsweise sind in Russland nicht nur archivfachliche, sondern auch Editionsstandards gesetzlich festgelegt. Inhaltlich ergaben sich daraus aber im wissenschaftlichen Bereich – im Unterschied zum archivfachlichen – keine größeren Schwierigkeiten. Insgesamt legte die russische Seite großen Wert auf die buchstabengetreue Erfüllung des Wortlauts der Kooperationsverträge und Arbeitsprotokolle. Die Titelei der „Kultur-Edition" war 2003 sogar Gegenstand einer heftigen Auseinandersetzung im Plenum der Gemeinsamen Kommission.

Insgesamt blieb die deutsch-russische Kooperation aber in sehr positiver Erinnerung. Der hohe Arbeits- und der zeitweilig erforderliche kleinteilige bürokratisch-diplomatische Kollationsaufwand kostete zwar viele Nerven, aber diese Belastungen wurden durch die hohe individuelle Motivation, die gute kollegiale Atmosphäre und den intensiven zwischenmenschlichen und interkulturellen Austausch wettgemacht. Auf der Arbeitsebene waren die leistungsorientierten Kooperationsbeziehungen unproblematisch: Die professionelle Solidarität nivellierte anfängliche Kommunikationsprobleme, und die technische Separierung der russischen und deutschen Arbeitsbereiche trug zur allgemeinen Entspannung bei. Dabei erwies es sich als zweckmäßig, Arbeitsprozesse in kleineren Einzelschritten konsekutiv zu exekutieren, um die Wirkung möglicher sprachlich-sachlicher Missverständnisse zu reduzieren. Pragmatische Sachlichkeit zeichnete auch die Zusammenarbeit mit Vertretern des Bundesarchivs und mit dem Sekretariat der deutschen Sektion der Gemeinsamen Kommission aus. Ungenannt bleiben hier die zahlreichen Autoren, Übersetzer, Mitarbeiter, Hilfskräfte und Praktikanten, deren Neugier und überdurchschnittliches Engagement genauso zum Gelingen beitrugen wie das kollegiale und tolerante Arbeitsklima sowohl im GARF als auch im IfZ. Unabdingbar war jedoch eine weitgehende Handlungsfreiheit des Projektkoordinators, die es möglich machte, auf wechselnde Herausforderungen flexibel und schnell zu reagieren.

Als Ergebnis des wissenschaftlichen Begleitprogramms der archivfachlichen Kooperation liegen fünf deutsch- und vier russischsprachige Titel

1945–1949], kratkij biografičeskij spravočnik [Ein kurzes biografisches Nachschlagewerk], Moskau 1999.

vor, die unter der Federführung des IfZ entstanden. Während der Gesamtlaufzeit des „Gemeinschaftsprogramms zum Studium, zur Auswertung und zur Reproduktion der Akten der Sowjetischen Militäradministration in Deutschland" wurden im GARF außerdem in russischer Sprache weitere fünf thematische Dokumentationen veröffentlicht; zudem publizierte das Bundesarchiv zusammen mit dem GARF ein Verzeichnis des dort deponierten SMAD-Aktenbestands. Diese mit monografischen Einleitungen versehenen Editionen erleichtern eine wissenschaftliche Auseinandersetzung mit dem – nun auch im Bundesarchiv in Kopie vorhandenen[8] – Schriftgut der SMAD erheblich. Als Hilfsmittel bietet das auf der Grundlage der normativen administrativen Primärquellen, der sogenannten Ernennungsbefehle des Obersten Chefs der SMAD und anderer interner Dokumente erarbeitete SMAD-Handbuch nicht nur eine Orientierung über Aufbau, Funktionsweise und Leitungspersonal der SMAD, sondern bilanziert auch den Forschungsstand. Die 2012 vorgestellte Edition „Sowjetische Interessenpolitik in Deutschland 1944–1954" enthält Dokumente, die in zwanzigjähriger Arbeit in russischen Archiven als herausragend auffielen; die 2014 vorgelegte Dokumentation „Sowjetische Kommandanturen und deutsche Verwaltung in der SBZ und frühen DDR" schließlich informiert über zahlreiche strukturrelevante Details der deutsch-sowjetischen Kooperation[9].

Dieser Gesamtertrag darf unter Würdigung der archivalischen Rahmenbedingungen als optimal bezeichnet werden. Auf seiner Homepage präsentiert das GARF die elektronische Fassung der russischsprachigen Versionen zahlreicher Projektveröffentlichungen. Demnächst will das IfZ auf seiner Homepage – mit Genehmigung des Bundesarchivs – die deutschen Übersetzungen von SMAD-Befehlstexten online stellen. Von den Faktoren, die dieses Resultat begünstigten, sind insbesondere zu nennen: Erstens die Tatsache, dass der deutsche Projekt-Historiker im Rahmen seiner Mitwirkung am SBZ-Handbuch[10] insbesondere den OMGUS-Bestand ausgewertet hatte und nicht auf ein völlig neues Forschungsgebiet stieß; zweitens führte er ab 1991 in Moskauer Archiven selbst Recherchen zur osteuropäischen Nachkriegsgeschichte durch, die nicht – wie der konkrete Bestand – mit dem Jahr 1949 endeten; dies bot nicht nur eine weitere Perspektive, sondern schärfte den Blick zugleich für Essenzielles. Diese Umstände erleichterten drittens

---

[8] Vgl. den Beitrag von Kerstin Risse und Kerstin Weller in diesem Band.
[9] Nachweise bei Felicitas Claus in diesem Band.
[10] Vgl. Martin Broszat/Hermann Weber (Hrsg.), SBZ-Handbuch. Staatliche Verwaltungen, Parteien, gesellschaftliche Organisationen und ihre Führungskräfte in der Sowjetischen Besatzungszone Deutschlands 1945–1949, München 1990.

die Orientierung innerhalb der SMAD-Teilsammlungen, auch nachdem die russische Archivpolitik wieder restriktiver geworden war. Schließlich bleibt zu erwähnen, dass der Informationsaustausch in der kleinen Gruppe der Benutzer russischer Archive dazu beitrug, arbeitstechnische, organisatorische und andere Schwächen in den Kooperationsvorhaben zu erkennen und in der eigenen Arbeit zu vermeiden.

2. Zum wissenschaftlichen Ertrag

Bei der SMAD-Überlieferung handelt es sich um den Niederschlag der extrem detaillastigen, befehlstaktischen Geschäftspraxis der Besatzungsmacht, die auf besetztem Gebiet als militärischer Sieger auftrat und als politische Führungskraft agierte. Die Teilbestände wurden unmittelbar durch die jeweiligen Fachabteilungen der SMAD gebildet; die archivalische Bestandsbildung war in den 1950er Jahren abgeschlossen. Die zentrale forschungsstrategische Frage im Projekt musste heißen: Was kann man auf dieser Quellengrundlage sinnvoll erschließen, was ist historisch relevant und was interessiert. Wenn man etwa beachtet, dass im Bestand nur wenige Aktenstücke der Politischen Hauptverwaltung der Roten/Sowjetischen Armee zu finden sind, die im Status einer Abteilung des Zentralkomitees der KPdSU (B) nachweisbar als politische Führungs- und Kontrollinstanz der SMAD fungierte, oder dass die amtlichen Nachlässe des Politischen Beraters und der Informationsverwaltung in das Archiv des Außenministeriums der Russischen Föderation ausgelagert (und deren Teilbestände noch weiter verstreut) wurden, wird offensichtlich, dass auf dieser Quellenbasis allein übergreifende Fragestellungen nicht unbedingt sinnvoll sind. Reichen Ertrag verspricht der Bestand jedoch in Verbindung mit der ostdeutschen Überlieferung.

Der bisherige Erkenntnisgewinn ist zunächst im methodischen Bereich zu sehen. Die russischen Geschäftspapiere transportieren oft unkritisch die intentionale Perspektive des Quellen- und Bestandsbildners, das heißt der die Akten produzierenden Abteilung der SMAD, die in den damaligen historisch-politischen Kontext eingebettet ist. Erst ein direkter Detailvergleich mit der deutschen Überlieferung ergibt, ob sich hinter den Buchstaben der Quellen auch tatsächlich reale Sachverhalte verbergen. Viele Aussagen sind aber nur mit verwaltungsgeschichtlichem Vorwissen verständlich. Hier sei nur ein Beispiel herausgegriffen: Frühe SMAD-Befehle definierten das deutsche Haushaltsjahr als das Kalenderjahr, wie es der sowjetischen Praxis entsprach, als gesetzliche Norm war dies auch in den 1946/47 von den Landtagen verabschiedeten Gemeinde- und Kreisordnungen der SBZ verankert. Mit Befehl Nr. 41 vom 19. Februar 1947 stellte aber die SMAD die ostdeutschen Haushalte auf die Reichshaushaltsordnung von 1922 (1. April bis 31. März) um, nicht aber die Wirtschaftspläne. Eine terminliche Kompatibilität wurde erst zum 1. Januar 1950 hergestellt. Schon in frühen ostdeutschen und sowjetischen Primärquellen wurde das inkonsistente Verwaltungshandeln vereinzelt als „Chaos" bezeichnet. In amerikanischen und britischen Papieren ist von „Doppelung, Konfusion und Durcheinander" zwischen Einrichtungen der Besatzungsmacht und der ostdeutschen Administration die Rede, die sich dadurch gegenseitig behindert hätten[11]; und in einem SMAD-Papier hieß es 1949 dazu recht direkt[12] „ohne uns [...] wird nichts gemacht", weil die Deutschen nur Papiere produzierten. Der thüringische Finanzminister bezeichnete die deutsch-sowjetische Interaktion 1948 als „eine ebenso undankbare" wie „mühevolle Aufgabe, die natürlich nicht immer zu gleicher Befriedigung aller Teile gelöst werden kann"[13]. Bewältigt wurden die Folgen mittels irregulärer verwaltungstechnischer Durchgriffe, die man in zeitgenössischen ostdeutschen Verwaltungsquellen „Durchstechereien" nannte.

Diese und andere Probleme werfen nicht nur konkrete Fragen nach der Verwertbarkeit von Daten, etwa in Statistiken, auf. Es stellen sich grundsätzliche Fragen nach den Modi und Auswirkungen von Kooperation und Kommunikation zwischen sowjetischen und deutschen Dienststellen auf einzelnen Ebenen des Verwaltungshandelns in der Zone, in Ländern, Kreisen und Kommunen. Zu prüfen wäre etwa an konkreten Beispielen, ob sowjetische Befehle direkt oder nur indirekt über deutsche Verwaltungsweisungen durchgestellt wurden und welche Wirkung sie hatten. In der sowjetisch-ostdeutschen Kommunikation gab es schon damals erhebliche Probleme, die sich in den Quellen niederschlagen. So gehen nicht nur im sowjetischen, sondern sogar im ostdeutschen Schriftgut 1946/47 die nach ostdeutschem Landesrecht normierte Benennung „Rat" für die Kommunal-, Kreis- und Bezirksexekutive und die Bezeichnung für die entsprechenden parlamentarischen Vertretungskörperschaften durcheinander. Von Deutschen wurde der Ausdruck „Rat" als „Sowjet" ins Russische übersetzt und gleichzeitig regional in der Selbstver-

---

[11] PRO, FO 371/64305/65207, Conditions in the Russian and Polish Zones in Germany, based on Reports received between 15 September and 15 November 1946.
[12] GARF, fond 7317, op. 55, d. 8, Bl. 31–46, Stenogramm der Beratung der Mitarbeiter der Abteilung für Volksbildung der SMAD beim Stellvertreter des Obersten Chefs der SMAD vom 1.6.1949.
[13] 36. Sitzung des Thüringer Landtags am 22.3.1948, S. 974 (Finanzminister Leonhard Moog, LDP).

waltungstradition durchaus auch für die Vertretungskörperschaften benutzt, also für die „Sowjets" im sowjetischen Rechtsverständnis; im Russischen hieß bald sowohl die deutsche Exekutive als auch die Legislative „Sowjet". Verfassungsrechtlich mag das im Hinblick auf die Abschaffung der Gewaltenteilung unerheblich gewesen sein, nicht jedoch ordnungspolitisch und verwaltungspraktisch. Als „Labilität in der rechtlichen Regelung" wurden vergleichbare begriffliche Aporien innerhalb der DDR-Verwaltung noch 1961 beklagt. Die Geschichtswissenschaft muss von vornherein beachten, dass sich solche Kalamitäten auch ohne Verschleierungsvorsatz potenzieren konnten. Dies erfordert besondere Sorgfalt bei der Quellenkritik.

Bezüglich der Fakten bieten die Akten der SMAD aber auch viel Neues. Die russische SMAD-Überlieferung ist geeignet, Lücken in den ostdeutschen Beständen zu benennen und in Einzelfällen zu schließen. Jedoch darf von den Akten einer ausführenden und kontrollierenden Behörde nicht allzu viel erwartet werden. Ausführungsbestimmungen der SMAD zu den von ihr herausgegebenen Befehlen beispielsweise sind in ostdeutschen Verwaltungsablagen im russischen Original viel häufiger anzutreffen; die deutsche Aktenführung befolgte eigene Regeln. Die regionale Ebene bildet der im Bundesarchiv zugängliche Teil des SMAD-Bestands ohnehin ungleichmäßig ab. Der administrative Nachlass des regionalen Apparats der SMAD im sowjetischen Sektor von Berlin fehlt völlig, aus Brandenburg sind dagegen sogar Arbeitspläne von SMA-Abteilungen aus den Jahren 1946 bis 1949 überliefert. Eine systematische Erschließung und Analyse solcher nicht nur in der sowjetischen Verwaltungspraxis obligatorischen Arbeitspläne wäre sehr gewinnbringend.

Was wissen wir heute genauer oder konkreter über die SMAD? Die Arbeit am SMAD-Bestand ließ die Historiker einige strukturgeschichtliche Befunde recht eindeutig nachzeichnen. Erkennbar ist, dass die SMAD-Strukturen kompliziert waren und dem Aufbau ostdeutscher Verwaltungen nicht in jeder Hinsicht entsprachen. Die permanent starke innerorganisatorische und personelle Dynamik führte dazu, dass die Benennung von Institutionen und Funktionen nicht nur aus deutscher, sondern auch aus interner sowjetischer Sicht nicht von allen Akteuren zu durchschauen war. Trotz der Entwicklung der militärisch geprägten Struktur zu einer mehr auf Besatzungsaufgaben zugeschnittenen administrativen Institution behielten das militärische Organisationsverständnis und das Ordnungsprinzip von Befehl und Gehorsam die Oberhand. Im Leitungspersonal dominierten fronterfahrene Kriegsteilnehmer; einerseits zog dies autokratische Führungsmethoden nach sich, andererseits begünstigte dies aber auch Formen von in der Regel nicht verschriftetem Improvisationspragmatismus. Überzentralisierung und damit hochgradige Personalisierung charakterisierten die Entscheidungslinien in den von zivilen Fachleuten besetzten Dienststellen.

Als Konglomerat sowjetischer militärischer, geheimdienstlicher, diplomatischer, politischer, wirtschaftsadministrativer und weiterer Instanzen, die im unterschiedlichen Grad von Moskauer Führungsgremien abhängig waren, spiegelte die SMAD als Institution die komplexe und widersprüchliche Gemengelage sowjetischer Interessen in Deutschland wider. Dieser integrale Charakter der Organisation erschwert in Verbindung mit der ihr innewohnenden inneren Dynamik eine allgemeine strukturgeschichtliche Analyse. Meines Erachtens erfasst dieses Phänomen recht treffend der organisationssoziologische Begriff der kompetenziellen Diffusion. Er beschreibt wertfrei ein immanentes Merkmal von Großorganisationen mit ihren typischen Defiziten in internen Arbeitsabläufen und in der Außenwahrnehmung, wobei eingeräumt wird, dass kompetenzielle Diffusion die externe Leistung von Organisationen steigern kann. Ergebnisse der vergleichenden Bürokratieforschung lassen generell auf ein verfahrensorientiertes Organisationsverhalten der Besatzungsverwaltung schließen. Indirekt bestätigt das auch die russische Volksweisheit, die besagt, dass man alles besser machen wollte, aber dabei nur das Gewohnte herauskam. Da das Thema jedoch wertig besetzt ist, erscheint es sinnvoll, eine Strukturanalyse der Organisation und ihrer Wirkungsmodi nur sektoral für konkrete Fragestellungen zu leisten. Von besonderer Relevanz bleibt jedoch generell der quellenkritische Umgang mit den Dokumenten, unabhängig von deren Provenienz. Bei Detailanalysen sind zweckmäßigerweise auch jeweils die Übersetzungen zu prüfen.

Sowohl die auf Strukturgeschichte zugeschnittenen als auch die thematisch ausgeweiteten Studien des Großprojekts stellen deshalb erst den Anfang einer analytischen Geschichtsschreibung zur Besatzungsgeschichte der SBZ dar. Nicht nur aufgrund der den Quellen zugrundeliegenden oder unbewusst transportierten nationalen und kulturellen Standards und Wahrnehmungsmodi bleibt für viele Historiker eine Reihe von Deutungen weiterhin strittig. Außerdem kann durchaus von einer Dissonanz zwischen der deutschen und der russischen Perspektive gesprochen werden. Vordergründig auch deshalb, weil allein von diesem Aktenbestand her klare faktografische Antworten auf große Fragen der Nachkriegsgeschichte nicht zu geben sind. Dass der Zugang zu den Dokumenten der politischen Führungsebene der UdSSR noch immer nicht lückenlos ist, kann zwar bedauert und laut beklagt, aber vorerst nicht kompensiert werden. Insofern bleiben Fragen der Herrschaftspraxis der Besatzungsmacht weiterhin in der Diskussion.

Kai von Jena
Das SMAD-Projekt – eine erfolgreiche deutsch-russische Archivkooperation

1. Das Gemeinschaftsprogramm

Dieser Beitrag ist eine Rückschau auf die Entwicklung des „Deutsch-Russischen Gemeinschaftsprogramms zum Studium, zur Auswertung und zur Reproduktion der Akten der Sowjetischen Militäradministration in Deutschland", das Ende der 1990er Jahre begonnen und 2010 zu einem erfolgreichen Abschluss gebracht wurde. Im Bundesarchiv stehen der Forschung seitdem etwa 1,4 Millionen Filmaufnahmen und Digitalisate von rund 10.000 Archivalieneinheiten (AE) der SMAD und der SMA der Länder, deren Originale im Staatsarchiv der Russischen Föderation verwahrt werden, zusammen mit einem elektronischen Recherchesystem zur Verfügung[1]. Etwa 300 AE sind im GARF weiterhin gesperrt und wurden von der Verfilmung und Digitalisierung ausgeschlossen. Sie enthalten insbesondere Betreffe zu Eigentumsfragen, Verbrechen von Angehörigen der sowjetischen Besatzungsmacht und Beschlagnahme von Kulturgut. Ein elektronischer Katalog der Akten der SMAD bietet einen Überblick über die offenen Akten des SMAD-Bestands im GARF. Die Erschließung der SMAD-Akten auf der Ebene der Dokumente umfasste rund 280.000 Verzeichnungseinheiten. Die Kombination der elektronischen Kataloge auf Band- und Dokumentenebene und ihre Verbindung mit den digitalisierten Dokumenten bilden die Datenbank der SMAD-Akten. Im Bundesarchiv werden die Reproduk-

---

[1] Die Bestände der SMAD und der SMA der Länder umfassen insgesamt rund 12.000 AE, von denen rund 1800 AE des „Personalbestands" (ličnyj sostav SVAG i USVA) nicht in das Programm einbezogen waren. Vgl. Carevskaja-Djakina, Tat'jana Viktorovna u. a. (Red.), Fondy Sovetskoj voennoj administracii v Germanii v Gosudarstvennom archive Rossijskoj Federacii [Die Bestände der SMAD im Staatsarchiv der Russischen Föderation], čast' 1: Katalog del fonda Sovetskoj voennoj administracii v Germanii (R-7317) 1945–1953 gg. [Teil 1: Aktenverzeichnis des Bestands der SMAD (R-7317) 1945–1953], čast' 2: Katalog del fondov upravlenij sovetskoj voennoj administracii v provincijach i federal'nach zemljach, drugich sovetskich organizacij v Germanii i kontrol'nogo soveta Sojuznoj kontrol'noj vlasti 1945–1950 gg. [Teil 2: Aktenverzeichnis der Bestände der Verwaltungen der SMA in den Provinzen und Bundesländern, anderer sowjetischer Einrichtungen in Deutschland und des Kontrollrats der alliierten Kontrollbehörde 1945–1950], Moskau 2004. Vgl. auch den Beitrag von Kerstin Risse und Kerstin Weller in diesem Band.

tionen der SMAD-Akten jährlich von etwa 20 bis 30 Benutzern zu unterschiedlichen Themen eingesehen: Untersuchungen über das Verhältnis von Bevölkerung und sowjetischer Besatzungsmacht, Fragen zur Demontage-, Wohnungs- und Gesundheitspolitik oder zu kulturellen Angelegenheiten.

Bestandteil des Gemeinschaftsprogramms war ferner die parallele Erarbeitung von Dokumenteneditionen und Monografien zur Geschichte der SMAD durch deutsche und russische Archivare und Historiker[2]. Ende 2002 konnte unter der gemeinsamen Herausgeberschaft des Föderalen Archivdiensts Russlands, des Bundesarchivs und des GARF eine erste Publikation erscheinen: das „Sachthematische Inventar zur Kulturpolitik der Sowjetischen Militäradministration in Deutschland"[3]. Hervorzuheben sind die in deutscher und russischer Sprache 2004 erschienene Edition „Die Politik der Sowjetischen Militäradministration in Deutschland (SMAD): Kultur, Wissenschaft und Bildung" sowie das 2009 herausgegebene SMAD-Handbuch[4]. Darüber hinaus konnte 2004 der vom Föderalen Archivdienst Russlands, dem Bundesarchiv und dem Staatsarchiv der Russischen Föderation herausgegebene, zweibändige Katalog der offenen Akten der SMAD erscheinen. Finanziert wurden die Arbeiten hauptsächlich von der „Gemeinsamen Kommission zur Erforschung der jüngeren Geschichte der deutsch-russischen Beziehungen" und der Volkswagen-Stiftung.

2. Der Weg zur Kooperation

Hält man sich die Bilanz der gemeinsamen Arbeiten vor Augen und betrachtet sie vor dem Hintergrund der jahrelangen Bemühungen um dieses Projekt, so wird auch der skeptische Beobachter den objektiven Fortschritt der gemein-

---

[2] Zu den Editionen und Editionsvorhaben vgl. Kai von Jena, Deutsch-Russisches Gemeinschaftsprogramm zum Studium, zur Auswertung und zur Reproduktion der Akten der Sowjetischen Militäradministration in Deutschland (SMAD), in: Mitteilungen der Gemeinsamen Kommission für die Erforschung der jüngeren Geschichte der deutsch-russischen Beziehungen 2/2005, S. 133 ff.
[3] Vgl. Materialien aus dem Bundesarchiv 12/2002.
[4] Vgl. hierzu Jan Foitzik, Die Politik der Sowjetischen Militäradministration in Deutschland (SMAD): Ziele, Methoden, Ergebnisse, in: Mitteilungen der Gemeinsamen Kommission für die Erforschung der jüngeren Geschichte der deutsch-russischen Beziehungen 2/2005, S. 136 f.; Horst Möller/Alexandr O. Tschubarjan (Hrsg.), Die Politik der Sowjetischen Militäradministration in Deutschland (SMAD): Kultur, Wissenschaft und Bildung 1945–1949. Ziele, Methoden, Ergebnisse. Dokumente aus russischen Archiven, München 2005; Horst Möller/Alexandr O. Tschubarjan (Hrsg.), SMAD-Handbuch. Die Sowjetische Militäradministration in Deutschland 1945–1949. Redaktion: Jan Foitzik, München 2009.

samen Anstrengungen feststellen müssen. Allerdings war der Weg dorthin schwierig und langwierig. Er begann vor gut 20 Jahren, als sich nach dem Zerfall der Sowjetunion die Frage nach der Öffnung der Archive zur Erforschung der sowjetischen Geschichte und nach dem Zugang zu den Dokumenten aus der Zeit seit der Oktoberrevolution neu stellte. Die russische Archivverwaltung und die russischen Archive sahen sich mit einer Flut von Anfragen und Wünschen der nationalen und der internationalen Forschung konfrontiert. Für den Beobachter erschien die Situation manchmal verwirrend. Noch gab es keine festen Richtlinien und Normen, die den Zugang zu diesen Dokumenten regelten, oder sie waren erst im Entstehen. In manchen Archiven erschien es eher möglich, Zugang zu bisher verschlossenen sowjetischen Dokumenten zu bekommen als in anderen. Zuweilen wurden Teile von Beständen für die Forschung freigegeben, aber nach einiger Zeit wieder gesperrt.

Die Dokumente der SMAD waren hierbei keine Ausnahme, und nach der ersten Öffnung einiger weniger Teilbestände, die 1991 und 1992 der Benutzung zur Verfügung gestellt wurden, verfügte ein unveröffentlichter Erlass des russischen Präsidenten Jelzin vom 7. August 1992, dass die SMAD-Unterlagen bis zum Abzug aller russischen Streitkräfte aus Deutschland Ende August 1994 gesperrt blieben. Das Bundesarchiv wurde seit Beginn der 1990er Jahre und besonders nach 1994 immer wieder von der deutschen Forschung aufgefordert, sich um eine Öffnung der SMAD-Akten zu bemühen, da ohne diese Akten die objektive Erforschung der Geschichte der Sowjetischen Besatzungszone nicht möglich sei.

Im Frühjahr und Sommer 1995 unternahm deshalb das Bundesarchiv weitere Initiativen, die SMAD-Unterlagen der deutschen Forschung zugänglich zu machen. In Gesprächen mit Rosarchiv bot das Bundesarchiv die systematische Verfilmung der SMAD-Bestände an. Die Archivverwaltungen der Länder Berlin, Brandenburg, Mecklenburg-Vorpommern, Sachsen, Sachsen-Anhalt und Thüringen unterstützten diese Initiative. Auf der *Table Ronde* des Internationalen Archivrats in Washington erklärte der Leiter von Rosarchiv im September 1995 gegenüber dem Präsidenten des Bundesarchivs, dass die Bemühungen um eine Öffnung der SMAD-Bestände insoweit erfolgreich gewesen seien, als das Innen- und Außenministerium der Russischen Föderation einem entsprechenden Antrag von Rosarchiv zugestimmt hätten. Anfang Oktober 1995 unterzeichnete Präsident Jelzin einen entsprechenden Erlass[5].

---

[5] Zu den Bemühungen des Bundesarchivs um den Zugang zu Archiven in der Russischen Föderation und die Öffnung der SMAD-Bestände vgl. den auszugsweisen

Unter diesen Voraussetzungen fanden vom 23. bis 25. Oktober 1995 Verhandlungen zwischen dem Bundesarchiv und Rosarchiv statt, die mit der Unterzeichnung eines „Arbeitsprotokolls zur Durchführung eines deutsch-russischen Gemeinschaftsprogramms zum Studium, zur Auswertung und zur Reproduktion der Akten der Sowjetischen Militäradministration in Deutschland" endeten. Das Programm sah vor, dass beide Archivverwaltungen in enger Zusammenarbeit mit zeithistorischen Institutionen ein Programm zur Auswertung der SMAD-Überlieferung vorbereiten sowie Findmittel erarbeiten und Schlüsseldokumente zu bestimmten Themenbereichen edieren sollten; parallel dazu sollten die betroffenen Akten mikroverfilmt werden. Beide Seiten kamen zudem überein, die SMAD-Bestände durch moderne Datenverarbeitung gemeinsam archivisch zu erschließen. Die hierzu erforderlichen Arbeiten sollten von deutschen und russischen Archivaren vorbereitet werden.

Die Schwierigkeit bei der Vorbereitung und Durchführung des Gemeinschaftsprogramms bestand für die deutsche Seite zunächst darin, dass ihr konkrete Informationen über den Inhalt der SMAD-Bestände fehlten, weil damals der größte Teil der Akten noch gesperrt war. Bis Mai 1997 waren jedoch die Arbeiten zur Herabstufung der Akten der SMAD soweit fortgeschritten, dass mehr als 1300 Akteneinheiten im GARF vollständig oder teilweise offengelegt waren. Im Jahre 1998 erarbeitete der Föderale Archivdienst Russlands zusammen mit dem Russischen Außenministerium, dem Russischen Generalstab und der Russischen Akademie der Wissenschaften einen Katalog von 13 Themen, die im Rahmen des Gemeinschaftsprogramms von Archivaren und Historikern beider Länder bearbeitet werden konnten. In diesem Zusammenhang ist die Feststellung wichtig, dass die Offenlegung des größten Teils der SMAD-Akten eng mit der Verwirklichung des deutsch-russischen Gemeinschaftsprogramms verbunden war; ohne das Gemeinschaftsprogramm hätte es also keine Öffnung der SMAD-Akten gegeben.

Abdruck des Schreibens des Präsidenten des Bundesarchivs, Friedrich Kahlenberg, an den Vorsitzenden der Enquete-Kommission „Überwindung der Folgen der SED-Diktatur im Prozeß der deutschen Einheit", Rainer Eppelmann, vom 21.5.1997 (mit Anlagen), in: Materialien der Enquete-Kommission, Bd. VI: Gesamtdeutsche Formen der Erinnerung an die beiden deutschen Diktaturen und ihre Opfer – Archive, Baden-Baden 1999, S. 832–891; das Folgende nach ebenda, S. 865 f.

3. Das Pilotprojekt

Im September 1998 erzielte die „Gemeinsame deutsch-russische Kommission zur Realisierung der Vereinbarung über die Zusammenarbeit zwischen dem Bundesarchiv und Rosarchiv" darin Übereinstimmung, gemeinsam die Bearbeitung der SMAD-Akten im GARF zum Thema „Die Politik der SMAD auf dem Gebiet der Kultur, Wissenschaft und Bildung" durchzuführen. Der konkrete Arbeitsbeginn verzögerte sich bis ins Jahr 2000, weil man sich nicht auf ein gemeinsames methodisches Vorgehen bei der Bearbeitung der Akten einigen konnte. Die russische Seite vertrat den Standpunkt, nur solche Akten vollständig zu verfilmen, die ausschließlich Kulturbetreffe enthielten, während die deutsche Seite auch solche Akten in die vollständige Mikroverfilmung einbezogen sehen wollte, in denen nur einzelne Kulturbetreffe verzeichnet waren. Auch in methodischen Fragen der Erschließung der SMAD-Akten wurden wesentliche Unterschiede sichtbar. Dem Wunsch der russischen Seite, die Akten auf Dokumentenebene zu verzeichnen, stellte die deutsche Seite die Methode der im deutschen Archivwesen bewährten Sachaktenerschließung entgegen. Das bedeutete, dass in Sachakten mit umfänglicher Überlieferung jene Betreffe durch „Enthält-Vermerke" ausgewiesen werden sollten, die entweder von besonderer Bedeutung oder zur zusätzlichen Beschreibung des Aktentitels erforderlich waren. Die russischen Kollegen bewerteten die Auswahl von „Enthält-Vermerken" durch den bearbeitenden Archivar als eine subjektive Vorgehensweise. Von deutscher Seite wurde darauf hingewiesen, dass für eine Verzeichnung auf Dokumentenebene deutlich mehr Zeit und höhere finanzielle Mittel nötig seien.

Das Bundesarchiv, der Föderale Archivdienst Russlands und das Staatsarchiv der Russischen Föderation einigten sich im März 2000 darauf, zunächst ein gemeinsames dreimonatiges Pilotprojekt zur Kulturpolitik der SMAD durchzuführen, um Erfahrungen zu sammeln. Ein entsprechendes Protokoll wurde im September 2000 von Rosarchiv, Bundesarchiv und GARF unterzeichnet. Die Arbeiten am Pilotprojekt dauerten von November 2000 bis Ende Februar 2001, wobei die deutschen Archivare die Akten der SMAD nach einem im Bundesarchiv entwickelten Verzeichnungsschema erschlossen und die russischen Archivare mit dem Ziel eines „elektronischen Archivs der SMAD-Akten" an den elektronischen Katalogen auf Band- und Dokumentenebene arbeiteten. Festgelegt wurde der Grundsatz, die Erschließung in der Sprache der Akten durchzuführen, also in russischer Sprache. Parallel zu den Erschließungsarbeiten nahmen ein deutscher Historiker des IfZ (Jan Foitzik) und eine russische Historikerin im Auftrag der Akademie der Wissenschaften der Russischen Föderation (Natalja P. Timofeeva) die Vorbereitungsarbeiten für eine gemeinsame Edition zur Kulturpolitik der SMAD auf. Am Ende des Pilotprojekts stellte die deutsche Seite aus Haushaltmitteln der Bundesrepublik Deutschland dem GARF eine sogenannte Hybrid-Kamera zur Verfügung, die in einem Arbeitsgang gleichzeitig mikroverfilmen und digitalisieren kann. Sie war bis 2010 für das Gemeinschaftsprogramm im Einsatz.

Das Pilotprojekt beschleunigte auch die Bemühungen um die Herabstufung noch gesperrter SMAD-Bestände im Staatsarchiv der Russischen Föderation. In dem gemeinsamen Bericht über die Ergebnisse des Pilotprojekts vom 31. Mai 2001 für die „Gemeinsame Kommission zur Erforschung der jüngeren Geschichte der deutsch-russischen Beziehungen" heißt es: „Gegenwärtig sind 8570 Aktenbände vollständig und 636 Bände teilweise offengelegt. 479 Akten bleiben aufgrund russischer Gesetzgebung weiterhin in geheimer Verwahrung."[6]

4. Probleme und Hemmnisse

Angesichts der positiven Zwischenbilanz beschlossen beide Seiten, den Schritt vom Vor- zum Hauptprojekt zu vollziehen. In Jahresplänen wurde die Verfilmung und Digitalisierung und Verzeichnung von jährlich ca. 120.000 bis 160.000 Blatt vereinbart. Bei der Auswahl der zur Bearbeitung heranzuziehenden Aktenbände der SMAD orientierten sich GARF und Bundesarchiv an den parallel zu erarbeitenden Publikationen. Technische Schwierigkeiten und Hindernisse erschwerten oder verzögerten die Durchführung des Gemeinschaftsprogramms. Der Betrieb der Hybrid-Kamera war nicht immer reibungslos, was die vorgesehene Produktionsmenge von Mikrofilmen und digitalen Aufnahmen beeinträchtigte. Der Umgang mit der bisher nicht erprobten neuen Technologie musste erlernt werden. Es ist deshalb nur zu verständlich, dass manche Probleme erst im ständigen Betrieb sichtbar wurden. Immer ließ sich jedoch ein gemeinsamer Weg finden, um Störungen zu meistern. Dazu trugen auch die mehrfachen Begegnungen der deutschen und russischen Mitglieder der Arbeitsgruppe bei. Niemals kam es zu einem Stillstand der Arbeiten, weil bei einem Ausfall der Hybrid-Kamera die Verfilmung auf einer konventionellen zweiten Kamera fortgesetzt und

---

[6] Kai von Jena, Gemeinschaftsprogramm zum Studium, zur Auswertung und zur Reproduktion der Akten der Sowjetischen Militäradministration in Deutschland (SMAD), in: Mitteilungen der Gemeinsamen Kommission für die Erforschung der jüngeren Geschichte der deutsch-russischen Beziehungen 1/2002, S. 41–44, hier S. 42 f.

eine nachträgliche Digitalisierung der betroffenen Aktenbände vereinbart werden konnte.

Ein aus deutscher Sicht zu erwähnender – bedauerlicher – Punkt war, dass nach Abschluss des Pilotprojekts eine Fortsetzung der Verzeichnungsarbeiten deutscher Archivare, wie sie im „Sachthematischen Inventar zur Kulturpolitik der SMAD" vorgestellt wurde, nicht erfolgen konnte. Schnell war klar, dass diese klassische Erschließungsmethode nicht den russischen archivarischen Traditionen und auch nicht den Zielen von GARF entsprach und daher ein Experiment bleiben musste. GARF führte die Erschließungsarbeiten auf Band- und Dokumentenebene mit dem Ziel der Herstellung eines „Elektronischen Archivs der SMAD" fort. Die bestehenden Differenzen ließen sich auch auf einem Methodenseminar, das vom 23. bis 25. April 2002 in Moskau stattfand, nicht beseitigen.[7]

Darüber hinaus gab es immer wieder auch organisatorische, administrative und bürokratische Hemmnisse zu meistern. Sie begannen mit Visa- und Zollformalitäten, reichten über die unvermeidlichen Kontrollen an den Eingängen zu den russischen Archiven und erstreckten sich bis zu den nicht immer einfach zu regelnden Auszahlungsmodalitäten für erbrachte Sach- oder Dienstleistungen. Wer wie der Autor seit langem Umgang mit russischen Institutionen pflegt, ist es gewohnt, dass manches in Russland mehr Geduld und Zeit benötigt und dass bei den russischen Partnern häufig auch ein zu großes Bedürfnis nach der Regelung zu vieler Einzelheiten besteht. Dieses Regelwerk zu erarbeiten, zu erneuern, genau zu beachten und protokollarisch korrekt umzusetzen, erforderte Kraft und viel Zeit. Bestehende sprachliche und sachliche Probleme kamen hinzu. Die Feinheiten sachlicher Differenzen sprachlich so auszugestalten, dass sie beide Seiten mental befriedigen und dennoch philologisch „genießbar" bleiben, ist ein mühevoller, aber durchaus auch reizvoller Prozess. Wo, wenn nicht in der unmittelbaren Zusammenarbeit, gibt es eine bessere Möglichkeit, von- und miteinander zu lernen?

5. Fazit

Die Erfahrung aus der Kooperation lautet: Je mehr Begegnung, je mehr Kontakte, je mehr Kommunikation untereinander, desto leichter lassen sich

---

[7] Vgl. Deutsch-Russisches Seminar zur Methodik der Erschließung von Archivdokumenten und der Schaffung eines wissenschaftlichen Rechercheapparates am Beispiel der SMAD-Überlieferung, Moskau, 23.–25. 4. 2002. Vgl. dazu auch den Bericht in „Letopis' sobytij" (www.rusarchives.ru).

Verständnis- und Verständigungsprobleme überwinden. Die während der Arbeiten am Gemeinschaftsprojekt aufgebauten fachlichen und menschlichen Beziehungen zwischen den deutschen und russischen Archivaren und Historikern sind enger geworden. Sie wurden eine verlässliche Grundlage unserer Zusammenarbeit. Auf die Gestaltung unserer Kooperation dürfen wir durchaus auch ein wenig stolz sein. Sie scheint geeignet, als Beispiel einer erfolgreichen Zusammenarbeit auch in anderen Bereichen der archivfachlichen und darüber hinaus der allgemeinen kulturellen Beziehungen zwischen Deutschen und Russen zu dienen.

Alexander von Plato
Sowjetische Speziallager in der Sowjetischen Besatzungszone 1945 bis 1950
Rückblicke auf ein Pionierprojekt

1. Die Vorgeschichte

In diesem Aufsatz geht es um eines der ersten, wenn nicht das erste deutschrussische Kooperationsprojekt zwischen dem Staatsarchiv der Russischen Föderation und zwei deutschen Universitäten nach 1990, der Fernuniversität Hagen und der Friedrich-Schiller-Universität Jena. Anhand der Entstehung und Durchführung dieses Unternehmens lässt sich sehr gut beschreiben, was damals möglich war und wie sehr sich inzwischen die Bedingungen für solche Kooperationsprojekte verschlechtert haben.

Ende 1990 erschien Günther Loose, ein Bauingenieur und Architekt im Ruhestand, bei mir an der Dokumentationsstelle Biographisches Material der Fernuniversität Hagen[1] und fragte, ob mir eine wissenschaftliche Studie über die sowjetischen Lager in der SBZ bekannt sei. Sein Vater sei 1946 in Buchenwald umgekommen, und zwar im ehemaligen KZ Buchenwald, das 1945 ein sowjetisches Lager geworden war („Spezlager Nr. 2"). Die Umstände seines Todes seien unbekannt. Er wüsste jedoch gerne mehr über sowjetische Lager in Deutschland nach 1945, habe aber nur wenig wissenschaftliche Literatur zu diesem Thema gefunden, die meisten Arbeiten stammten aus den 1950er und 1960er Jahren. Das stimmte, wie ich nach eigenen Recherchen feststellen musste[2]; außerdem waren die Akten in den sowjetischen Archiven zu diesem Thema nicht „desekretiert". Wir kamen überein, in einem ersten Schritt ein Oral-History-Projekt zu versuchen, wenn wir mehr als 30 ehemalige Insassen sowjetischer Lager in Deutschland finden würden. Nach Aufrufen in verschiedenen Medien meldeten sich in den folgenden sechs Monaten genau 30 Personen. Sie kamen mehrheitlich aus dem Westen, dennoch hofften wir im Zuge der Befragungen weitere ehemalige Lagerinsassen

[1] Das war der Vorläufer des Instituts für Geschichte und Biographie der Fernuniversität Hagen, das 1993 gegründet wurde, seinen Sitz in Lüdenscheid hatte und dessen Gründungsdirektor ich wurde. Es war neben der Friedrich-Schiller-Universität der Vertragspartner des GARF in Moskau und Ort der Koordination des Projekts.
[2] Eine der frühen Arbeiten über die sowjetischen Lager ist die von Hermann Just, Die sowjetischen Konzentrationslager auf deutschem Boden 1945–1950, Berlin 1952.

auch aus der SBZ/DDR zu finden, so dass wir mit den Vorarbeiten für einen Projektantrag zu diesem Thema begannen.

Das war der eine Strang, der Anfang der 1990er Jahre zu neuen Forschungen über sowjetische Lager in der SBZ und der DDR führte. Der zweite Strang begann mit verschiedenen Versuchen, an deutsche und sowjetische Akten heranzukommen. Lutz Niethammer, damals Inhaber des Lehrstuhls für Neuere und Neueste Geschichte der Fernuniversität Hagen, zugleich Beauftragter für den Aufbau eines Kulturwissenschaftlichen Instituts in Nordrhein-Westfalen und ab 1993 Lehrstuhlinhaber für Neuere und Neueste Geschichte an der Friedrich-Schiller-Universität in Jena, hatte seit längerem Kontakte zu Historikerinnen und Historikern in der DDR aufgebaut und wurde 1993 vom Land Thüringen mit der Evaluation der KZ-Gedenkstätte Buchenwald betraut. Dadurch ergaben sich erste Möglichkeiten, deutsche Akten zu sowjetischen Lagern in Deutschland zu ermitteln. Wir beide hatten schon früh Beziehungen zur Gesellschaft „Memorial" in Moskau aufgenommen. Ich war 1989 zu einer internationalen Konferenz eingeladen worden, die damals fast noch unter klandestinen Bedingungen an der Geisteswissenschaftlichen Universität in Moskau stattfand. Das war meines Wissens die erste Oral-History-Konferenz mit Kolleginnen und Kollegen aus Ost und West in der Sowjetunion beziehungsweise in Osteuropa. Seit dieser Konferenz gab es regelmäßige Treffen mit Vertretern von „Memorial", insbesondere mit Irina Ščerbakova und Arsenij Roginskij, sowie eine zunehmende Zusammenarbeit nicht nur im Projekt über sowjetische Speziallager, sondern auch in anderen Forschungszusammenhängen. Nach dem Beginn der Vorarbeiten für ein Oral-History-Projekt zu sowjetischen Lagern in Deutschland baten wir Irina Ščerbakova, uns bei der Beschaffung sowjetischer Akten zu diesem Thema zu helfen. Sie wurde aktiv beim Staatsarchiv der Russischen Föderation (dem bisherigen Archiv der Oktoberrevolution) und berichtete bald, dass die Deklassifizierung von Teilen der sowjetischen Überlieferung begonnen habe. 1992 war es dann so weit: Der neue Direktor des GARF, Sergej Mironenko, war zu einem Gespräch über eine mögliche deutsch-russische Kooperation zum Thema „Speziallager" bereit.

2. Das Projekt

Nach Vorabsprachen mit Lutz Niethammer über mögliche Bedingungen einer Zusammenarbeit mit dem GARF flog ich Ende Oktober nach Moskau, wo ich am 30. und 31. Oktober 1992 zusammen mit Irina Ščerbakova Sergej Mironenko traf. Es war eine für uns auch persönlich denkwürdige

Begegnung: Ich sagte ihm, dass dies meine erste Verhandlung dieser Art sei, und er stellte fest, dass auch er noch nie zuvor eine Verhandlung mit einem westlichen Partner über eine mögliche Kooperation geführt habe. Diese Geständnisse erwiesen sich als gute Voraussetzungen für die Verhandlungen. Wir beschlossen gemeinsam, unsere Interessen offenzulegen und ehrlich unsere Probleme mit Forderungen der anderen Seite zu erläutern. In langen Gesprächen zumeist bei Spaziergängen durch Moskau oder in seinem Büro im GARF handelten wir drei die Inhalte, Bedingungen und Kosten des Projekts aus. Heraus kam ein deutsch-russisches Kooperationsprojekt zur Erforschung der sowjetischen Speziallagerakten, die im GARF liegen. Die deutsche Seite wollte die finanziellen Mittel insbesondere für Mitarbeiter und Räume in Deutschland sowie für die Technik in Russland aufbringen; die russische Seite sollte die gemeinsam ausgewählten Akten kopieren sowie Archivkräfte, Räume und Mobiliar in Moskau zur Verfügung stellen. Die kopierten Akten sollten dann im Institut für Geschichte und Biographie der Fernuniversität Hagen archiviert, für das Projekt ausgewertet und schließlich der Wissenschaft allgemein zur Verfügung gestellt werden. Ergebnis-Bände sollten von der deutschen Seite publiziert werden können, die dafür auch die Kosten übernehmen würde. Auch ein Band in russischer Sprache sollte von der deutschen Seite finanziert werden. Geplant waren auch mehrere Konferenzen, und zwar sowohl in der Russischen Föderation als auch in Deutschland. Diese Konferenzen wurden in der Tat in Moskau und in Deutschland in einer erstaunlich offenen Atmosphäre und auf der Basis gemeinsamer wissenschaftlicher Grundprinzipien abgehalten.

Interessant aus heutiger Sicht ist, dass Mironenko fast keine Einschränkung des Aktenzugangs vorschlug – mit einer Ausnahme: Die Akten der Operativen Abteilung (des Geheimdiensts) seien nach wie vor nicht deklassifiziert, und er würde seine Kompetenzen überschreiten, wenn er uns diesbezüglich Zusagen machen würde. Aber auch hier gewährte er mir später großzügig Akteneinsicht, zum Beispiel in die Arbeit der Operativen Abteilungen in den einzelnen Lagern und in die Spitzelberichte aus den Lagern[3]. Ansonsten sollte es keine uns verschlossenen Akten geben.

Angesichts der Fülle von Material bedeutete dies jedoch nicht nur Positives. Wir hatten weder das Geld noch die Zeit, den gesamten Bestand zu kopieren und zu bearbeiten; deshalb hatten wir die Qual der Wahl. Außerdem sollte das Deutsche Rote Kreuz später einen (anderen) Teil der Akten kopieren

---

[3] Privatarchiv Alexander von Plato, Manuskript: „Der NKVD und die Speziallager. Vortrag in der Gedenkstätte Sachsenhausen" am 30. 8. 1997.

dürfen, der besonders für den Suchdienst von Bedeutung war. Wir vereinbarten überdies, dass wir jederzeit, sollte sich die Notwendigkeit ergeben, weitere Teile des Bestands „nachbestellen" könnten, was auch – insbesondere für die Gedenkstätten einiger Speziallager – geschah.

Nach diesen Verhandlungen schrieben wir einen Antrag auf Forschungsförderung an die VW-Stiftung, den Lutz Niethammer, der inzwischen auf den Lehrstuhl für Neuere und Neueste Geschichte der Universität Jena berufen worden war, mit einem anderen Projekt zur Umsiedlung an der innerdeutschen Grenze verband. Die Universitäten Hagen und Jena sollten in einer innerdeutschen Arbeitsteilung an dieser Forschung teilhaben, ebenfalls ein Novum nach der Wiedervereinigung.

Nach der Bewilligung durch die VW-Stiftung 1993 begannen die Aufgaben am dritten Strang dieses Forschungsprojekts: Es mussten qualifizierte Personen gefunden werden, die der russischen Sprache mächtig waren, Erfahrung mit der Arbeit in der Sowjetunion beziehungsweise in Russland hatten und möglichst sogar etwas von sowjetischen Lagern verstanden. Diese Personen gab es auf russischer Seite (natürlich) besonders unter den Kolleginnen und Kollegen von „Memorial", aber auch im GARF[4]; auf deutscher Seite fanden wir sie vor allem in den neuen Bundesländern, damals noch misstrauisch beäugt von den Personalstellen an den Universitäten[5]. Wir beschlossen außerdem, mit den Gedenkstätten Buchenwald und Sachsenhausen zusammenzuarbeiten[6]. Dazu kamen von westdeutscher Seite verschiedene

---

[4] Neben Irina Ščerbakova und Sergej Mironenko waren dies: Nikita Ochotin und Nikita Petrov von „Memorial"; Irina Ščerbakova schrieb für den ersten Band des Speziallagerprojekts eine Studie zu den sowjetischen Staatsbürgern und sonstigen Ausländern in den Speziallagern, Nikita Petrov zu den Apparaten des NKWD/MWD und des MGB in Deutschland 1945 bis 1953. Vom GARF nahmen neben Mironenko teil: der stellvertretende Direktor Vladimir A. Kozlov, der einen Aufsatz über die Operationen des NKWD während des Vormarsches der Roten Armee vorlegte; Galina Kuznecova, die „rechte Hand" Mironenkos, sowie die zuständige Archivarin Dina Nochotovič; sie gaben einen Überblick über die einschlägigen Bestände.
[5] Dies waren neben Ralf Possekel, der den Dokumentenband verantwortete: Natalja Jeske, die im Projekt zu medizinischer Versorgung, Krankheit und Tod in den Lagern sowie über die sowjetischen Statistiken arbeitete; Peter Erler mit Beiträgen zu den Sowjetischen Militärtribunalen sowie zu den Speziallagern in Hohenschönhausen, Lichtenberg und zu dem Lagerstandort Frankfurt an der Oder; Lutz Prieß, der über die Speziallager Ketschendorf, Werneuchen/Weesow, Sachsenhausen und über das Gefängnis des NKWD in Strelitz schrieb. Außerdem stieß Wilfriede Otto mit einem Aufsatz über die Waldheimer Prozesse dazu.
[6] Hier ist neben den Gedenkstättenleitern Volkhard Knigge und Günther Morsch besonders Bodo Ritscher von der Gedenkstätte Buchenwald zu nennen, der selbst Kontakte mit dem GARF aufgenommen hatte und einen Aufsatz über das Speziallager

Mitarbeiterinnen und Mitarbeiter für beide Projektteile – sowjetische Speziallager und Zwangsumsiedlungen an der Grenze[7]. Diese Kooperationen erlaubten es nicht nur, Personen mit unterschiedlichen Kompetenzen, sondern auch verschiedene Geldgeber zu gewinnen: Neben der VW-Stiftung waren es vor allem das Land Thüringen, die Gedenkstätten-Stiftungen für das Land Brandenburg, das Land Thüringen und das Land Sachsen sowie die Freunde der Fernuniversität Hagen. Es beteiligten sich personell oder auch finanziell einzelne Gedenkstätten, die bestimmte Speziallager untersuchten, so dass Fachleute hinzukamen, die Aufsätze zu Spezialthemen verfassten[8].

3. Erträge und Impressionen

Das Ergebnis dieser Zusammenarbeit waren 1998 zwei Bände in einer Reihe zu sowjetischen Speziallagern in der SBZ und der frühen DDR[9], die nach wie vor als Standardwerke gelten. Außerdem folgte eine Fülle von Untersuchungen, die aus dem Bestand schöpften, zumeist verfasst von Mitarbeitern des Projekts. Darüber hinaus waren diese Arbeiten und die Akten selbst wesentliche Voraussetzungen für Ausstellungen in den Gedenkstätten Sachsenhausen, Buchenwald, Jamlitz, Torgau und anderen[10].

Nr. 2 Buchenwald schrieb. Die Kollegen der Gedenkstätte Buchenwald schlugen den schließlich von allen Seiten akzeptierten deutschen Begriff für die Lager vor, nämlich nicht Sonderlager, um Missverständnisse mit NS-Sonderlagern zu vermeiden, sondern Speziallager.
[7] Eva Ochs vor allem für die erfahrungsgeschichtliche Seite sowie Christian Schölzel und Heinz Kersebom; verantwortlich für das Teilprojekt Zwangsumsiedlung war Rainer Potratz.
[8] So Jan Foitzik zur SMAD, Christian Schölzel zur deutschen Archivsituation, Gabriele Hammermann zu Verhaftungsorten in Thüringen, Jan Lipinsky zur Mobilität zwischen den Lagern und zur Häftlingsstruktur in Bautzen, Alexander Haritonow zum Speziallager Bautzen, Bert Pampel zu den Speziallagern in Torgau, Tobias Baumann zum Speziallager in Fünfeichen, Vera Neumann zur Häftlingsstruktur in Buchenwald sowie Achim Kilian, der selbst Häftling im Speziallager Nr. 1 (Mühlberg) gewesen war, zu diesem Lager; außerdem die Projektleiter und Bandherausgeber, die zur Geschichte des sowjetischen Speziallagersystems in Deutschland (Alexander von Plato) und über die alliierten Internierungslager in Deutschland im Vergleich (Lutz Niethammer) publizierten.
[9] Die Reihe „Sowjetische Speziallager in Deutschland 1945 bis 1950" wurde von Sergej Mironenko, Lutz Niethammer und Alexander von Plato koordiniert und in Verbindung mit Volkhard Knigge und Günter Morsch herausgegeben – Bd. 1: Studien und Berichte, hrsg. und eingeleitet von Alexander von Plato; Bd. 2: Sowjetische Dokumente zur Lagerpolitik, eingeleitet und bearb. von Ralf Possekel. Nachweise bei Felicitas Claus in diesem Band.
[10] Vgl. Bodo Ritscher u. a. (Hrsg.), Das sowjetische Speziallager Nr. 2 1945–1950. Katalog zur ständigen historischen Ausstellung, Göttingen 1999; Günter Morsch/Ines

Im Rückblick zeigen sich einige Besonderheiten des Projekts in schärferer Kontur als zur Zeit der Forschung selbst: Deutlich wird, unter welch geradezu exzellenten Bedingungen wir in den 1990er Jahren arbeiten konnten. Wir spürten selbstverständlich den Aufbruch in der Zusammenarbeit der sowjetischen Archive und der Wissenschaft mit den entsprechenden Institutionen in Westeuropa und den USA, konnten aber nicht wissen, wie kurzzeitig oder vergänglich diese Aufbruchsstimmung sein würde, obwohl wir es befürchteten. Die große Bereitschaft auf allen Seiten, sich dem naturgemäß umstrittenen Thema sowjetische Lager möglichst ohne ideologische Beschränkungen neu zu nähern, war damals überwältigend. Man muss bedenken, dass dieses Thema zuvor im Kalten Krieg in der Dichotomie „KZ" oder „Internierungslager für Faschisten" diskutiert worden war – eine konfrontative Vereinfachung, die kaum Zwischentöne erlaubte und sich nicht auf Statistiken etwa der Sanitätsabteilungen oder der Verhaftungsgründe stützen konnte.

Das Interesse der sowjetisch-russischen und der deutsch-deutschen Kolleginnen und Kollegen an der Arbeit der jeweils anderen Seite war enorm. Das restriktive alte Archivgesetz war zwar noch in Kraft, blieb aber weitgehend wirkungslos, so dass sich die Archivdirektoren wie Fürsten verhalten konnten – und Mironenko war ein aufgeklärter Fürst, der sich mutig auf den Weg gemacht hatte, sein Archiv der Forschung nahezu unbeschränkt zu öffnen. Diese Öffnung kam dann mit dem neuen Archivgesetz Mitte der 1990er Jahre, sollte aber bald wieder eingeschränkt werden. Mironenko hatte auch keine Angst vor dem Vorwurf der Nestbeschmutzung, nur eine gewisse Vorsicht trieb ihn um, die Geheimdienste oder mögliche Rückschritte in der demokratischen Entwicklung betraf. Er konnte es sich auch leisten, mit der Gesellschaft „Memorial" zusammenzuarbeiten, die schon damals den Betonköpfen ein Dorn im Auge war und seit Wladimir Putins Machtübernahme um ihre Existenz zu kämpfen hat. Doch der GARF-Direktor achtete sehr darauf, dass die russische Seite in den Kooperationen *wissenschaftlich* präsent war. Einem einfachen Kauf der Bestände durch westliche Institute hätte er nicht zugestimmt.

Es war außerdem eine Zeit, in der auch die großen deutschen Stiftungen bereit waren, diese Gelegenheiten in der Sowjetunion beziehungsweise der Russischen Föderation möglichst rasch zu nutzen und Forschungen auch zu den schwierigen deutsch-sowjetischen Beziehungen im 20. Jahrhundert

---

Reich (Hrsg.), Sowjetisches Speziallager Nr. 7/Nr. 1 in Sachsenhausen (1945–1950). Katalog der Ausstellung in der Gedenkstätte und Museum Sachsenhausen, Berlin 2005.

zu fördern. In jener Zeit gab es Bemühungen sowohl „von oben", von Regierungsstellen und von den Leitungen des Bundesarchivs und der Wissenschaftsverbände, eine Zusammenarbeit zwischen deutschen und russischen Institutionen zu etablieren, als auch „von unten", von einzelnen Personen, Instituten und Universitäten her, Projekte anzustoßen. Und natürlich mussten staatliche Institutionen und Politiker mehr Rücksichten nehmen. Sie waren daher in meinen Augen träger als engagierte Forscherinnen und Forscher oder Institute. Außer uns gab es eine ganze Reihe anderer, die sich auf den unteren Ebenen um Kooperationsprojekte bemühten[11].

Auch nach dem Ende der eigentlichen Projektarbeit wurde nicht nur weiter an den Akten zu den sowjetischen Speziallagern geforscht[12], die nun von der Fernuniversität Hagen dem Bundesarchiv übergeben wurden, sondern es hat immer wieder eine fruchtbare Zusammenarbeit sowohl auf der institutionellen wie auf der persönlichen Ebene gegeben. Besonders produktiv war dies für mich 2002 in meiner Arbeit über die internationalen Bedingungen der Wiedervereinigung[13] und in dem internationalen Projekt zur Zwangsarbeit[14], wo es 2004 bis 2006 wieder eine Zusammenarbeit mit Kolleginnen und Kollegen gab, die schon in den 1990er Jahren mit uns kooperiert hatten.

Schon 2005 betonte Sergej Mironenko allerdings, es wäre gegenwärtig nicht mehr möglich, ein so belastetes Thema wie das der Speziallager in einem deutsch-russischen Kooperationsprojekt gemeinschaftlich und bei großzügigem Aktenzugang zu bearbeiten. Denn inzwischen war das neue Archivgesetz verschärft worden, und am Thema Speziallager hingen auch Fragen nach der Verantwortung sowjetischer Behörden und Geheimdienste für willkürliche Verhaftungen und Erschießungen, für unschuldig Verurteilte, Fragen nach Rehabilitierungen, vielleicht sogar nach finanzieller Entschädigung – und letztlich auch nach der angeblichen Nestbeschmutzung. Übrigens: Günther Loose, der dieses Projekt mit initiiert hatte, bekam noch vor seinem Tod die Mitteilung, dass sein Vater rehabilitiert worden sei.

---

[11] Vgl. den Beitrag von Jochen Laufer in diesem Band.
[12] Vgl. den Beitrag von Enrico Heitzer in diesem Band.
[13] Vgl. Alexander von Plato, Die Vereinigung Deutschlands – ein weltpolitisches Machtspiel. Bush, Kohl, Gorbatschow und die geheimen Moskauer Protokolle, Berlin ³2009.
[14] Vgl. Alexander von Plato/Almut Leh/Christoph Thonfeld (Hrsg.), Hitlers Sklaven. Lebensgeschichtliche Analysen zur Zwangsarbeit im internationalen Vergleich, Wien u. a. 2008.

ZEITGESCHICHTE IM GESPRÄCH

BAND 20

Thomas Schlemmer, Hans Woller (Hrsg.)
Der Faschismus in Europa
Wege der Forschung

2014, 148 S.
Br. € 16,95
ISBN 978-3-486-77843-4
eBook € 16,95
PDF ISBN 978-3-486-85906-5
ePUB ISBN 978-3-11-039908-0
Print+eBook € 26,95
ISBN 978-3-486-85907-2

Es ist unbestritten, dass der Faschismus als Weltanschauung, Herrschaftssystem und soziale Praxis zu den Signaturen des 20. Jahrhunderts gehört. Dafür ist die wissenschaftliche und politische Auseinandersetzung über das Wesen des Faschismus umso kontroverser geführt worden – und sie ist bis heute nicht zum Abschluss gekommen. Was hielt die faschistischen Bewegungen, die nach 1919 in ganz Europa entstanden, im Innersten zusammen? Was verband und was trennte Faschismus und Nationalsozialismus? Diese und andere Fragen stehen im Mittelpunkt des vorliegenden Bandes, der eine Bilanz der internationalen Faschismusforschung seit den 1990er Jahren zieht und dabei Autoren aus Deutschland, Großbritannien, Italien und den USA zu Wort kommen lässt.

Thomas Schlemmer ist wissenschaftlicher Mitarbeiter am Institut für Zeitgeschichte München-Berlin.

Hans Woller ist wissenschaftlicher Mitarbeiter am Institut für Zeitgeschichte München-Berlin und Chefredakteur der Vierteljahrshefte für Zeitgeschichte.

degruyter.com/oldenbourg

Jochen Laufer
Forschungen in russischen Archiven zu Fragen der deutschen Zeitgeschichte nach 1941
Ein Erfahrungsbericht

1. Forschen in Zäsurzeiten

Als ich Ende 1987 am Wissenschaftsbereich DDR-Geschichte des Instituts für deutsche Geschichte der Akademie der Wissenschaften der DDR als wissenschaftlicher Mitarbeiter mein Berufsleben begann, zeigte dessen Leiter, Rolf Badstübner, großes Interesse an der Erforschung der Geschichte des Alliierten Kontrollrats. Er schlug mir die Mitarbeit an einem Editionsprojekt vor, und ich akzeptierte sofort. Ich entwickelte sehr schnell besonderes Interesse für die Reparationspolitik der UdSSR in der SBZ und an den diesbezüglichen Auseinandersetzungen im Kontrollrat. Rolf Badstübner war es dann auch, der Elke Scherstjanoi und mir im Laufe des Jahres 1989 den Weg in zwei Moskauer Archive ebnete: in das Zentrale Archiv der Oktoberrevolution, heute Staatsarchiv der Russischen Föderation, und in das Archiv für Außenpolitik der UdSSR (AVP RF). Die Arbeit in diesen Archiven begann ich gut eingearbeitet in die Geschichte des Alliierten Kontrollrats und in die sowjetische Position in diesem multilateralen Gremium, mit einem breiten Wissen zur Entwicklung der internationalen Beziehungen und der russischen Außenpolitik vor dem Ersten Weltkrieg. Mir fehlten jedoch noch tiefere Kenntnisse zur Geschichte der sowjetischen Innen- und Außenpolitik.

Im Herbst 1989 begann ich unter dem Eindruck des politischen Umbruchs in der DDR mit der Archivarbeit in Moskau. In diesen Tagen zerplatzte nicht nur die offizielle Interpretation der DDR-Geschichte schlagartig, sondern mit der DDR ging auch ein staatlicher Interessent und Förderer der Quellenerschließung in eigener Sache unter. Fragen nach dem Anteil der UdSSR am Scheitern der alliierten Zusammenarbeit und an der Gründung und Existenz der DDR stellten sich neu. Ich erinnere mich an kurze Streitgespräche in Moskau mit meiner damaligen Kollegin Elke Scherstjanoi zur Sowjetisierung der sowjetischen Besatzungszone. Zur Klärung dieses Streits und zahlreicher anderer Fragen versprach ich mir sehr viel von den sowjetischen Quellen, die wir im AVP RF fast immer als erste Ausländer sahen.

Trotz Perestroika hatte sich 1989 in den Moskauer Archiven noch sehr wenig verändert. Es herrschten noch immer die alten Einschränkungen. An einen Zugang zu Findmitteln für die von uns gewünschten Quellen war weder im AVP RF noch im späteren GARF zu denken. Im AVP RF mussten wir die Hefte für unsere Mitschriften foliieren und täglich bei Schließung des Leseraums (von einem Saal konnte keine Rede sein) bei der Aufsicht abgeben. Sie wurden uns endgültig erst am Ende unseres Aufenthalts ausgehändigt, und natürlich waren darin Zeilen geschwärzt. Dennoch reizte es mich sehr, meine Forschungen fortzusetzen.

Als in der DDR ausgebildeter Historiker hatte ich nur wenige Kenntnisse über die Vielfalt der Methoden in der historischen Forschung und habe mir diesbezüglich bis heute eine starke Skepsis bewahrt. Das Wichtigste war für mich damals, so hatte ich es gelernt, mir den Forschungsstand und möglichst viele Quellen zu meinem Thema anzueignen sowie die Methoden der Text- und Quellenkritik anzuwenden. Die besondere Herausforderung der sowjetisch-russischen Archive bestand für mich immer in ihrer unvollständigen Zugänglichkeit, also in einer höchst problematischen Eigenart, die sich leider bis heute bewahrt hat. Mit meinen damals noch wesentlich geringeren Russischkenntnissen musste ich versuchen, von den Archivmitarbeitern durch immer neue Fragen weitere Aktenmappen zu bekommen.

2. Der Aufbruch in Moskauer Archiven

In den Jahren 1991 bis 1995 bewegte sich dann sehr viel in allen Moskauer Archiven, es kam zu weitreichenden Veränderungen, die auch als Archivrevolution bezeichnet worden sind[1]. Historiker aus dem In- und Ausland strömten in viel größerer Zahl als je zuvor in die russischen, speziell die Moskauer Archive. Es entwickelten sich große internationale und viele – wesentlich kleinere – deutsche Projekte. Für die Zeitgeschichte muss dabei insbesondere das 1991 ins Leben gerufene *Cold War International History Project* erwähnt werden, das, finanziert durch die John D. and Catherine T. MacArthur Foundation, Historiker aus der ganzen Welt mit russischen Archivaren und Historikern zusammenführte, die nach speziellen Vereinbarungen in den wichtigsten Moskauer Archiven Zugang zu vorher un-

---

[1] Vgl. Vladimir A. Kozlov/Ol'ga K. Lokteva, „Archivnaja revoljucija" v Rossii (1991–1996) [„Archivrevolution" in Rußland 1991–1996], in: Svobodnaja Mysl' 1 (1997), S. 113–121; Vladimir Petrovič Kozlov, Problemy dostupa v Archivy i ich ispol'zovanija [Probleme des Zugangs zu den Archiven und ihrer Nutzung], in: Novaja i novejšaja istorija 5 (2003), S. 79–103.

zugänglichen Quellen bekamen. Durch die Veranstaltung zahlreicher Konferenzen und durch die Herausgabe eines Bulletins förderte dieses Großprojekt die Forschung nachhaltig. Es entstanden viele Aufsätze und Monografien, doch keine zusammenhängende Edition der durch dieses Projekt erschlossenen Quellen.

Organisatorische Zusammenschlüsse für die Erforschung bestimmter Themen gelangen nur selten. Wo dies glückte, etwa unter maßgeblicher Initiative von Bernhard Bayerlein bei der Kominternforschung, konnte sich dennoch kein Klima für Kooperation entwickeln. Im Gegenteil, der breitere Zugang zu sowjetischen Quellen, die bis dahin völlig unbekannt waren, ließ bei ihrer Erschließung eine Goldgräberstimmung entstehen, die Konkurrenzneid aufkommen ließ.

Aber es gab immer auch Ausnahmen. Norman Naimark, Gennadij Bordjugov und Bernd Bonwetsch bündelten ihre Anstrengungen zur Edition der im damaligen Russischen Zentrum für die Aufbewahrung und Erforschung von Dokumenten der neuesten Geschichte (dem ehemaligen zentralen Parteiarchiv der KPdSU und heutigen Russischen Staatsarchiv für soziale und politische Geschichte, RGASPI) überlieferten Unterlagen des Leiters der SMAD-Propagandaverwaltung, die sich 1947 in Informationsverwaltung umbenannt hatte. Es entstand eine großartige Sammlung höchst interessanter Dokumente, die seit 1997 auch in deutscher Sprache vorliegt[2]. Aber den vielfältigen Aktivitäten Tjul'panovs und seiner Rolle sowie den damit verbundenen Schwierigkeiten innerhalb des sowjetischen Apparats in Deutschland wurde diese Publikation nicht gerecht, denn sie ließ die umfangreichen Tjul'panov-Dokumente im GARF und im AVP RF außer Acht. Ebenfalls bereits in den frühen 1990er Jahren organisierten Alexander von Plato und Lutz Niethammer in Zusammenarbeit mit dem damals neu berufenen Direktor des GARF die Edition und Erforschung der schriftlichen Hinterlassenschaften der sowjetischen Speziallager in Deutschland[3]. Sie fanden in Ralf Possekel einen talentierten Bearbeiter mit starkem Interesse an Forschungen zu diesem Thema. Doch auch dieser sehr beachtlichen Edition, die zuerst in deutscher Sprache und Jahre später in einer gekürzten

---

[2] Vgl. Bernd Bonwetsch/Gennadij Bordjugov/Norman M. Naimark (Hrsg.), SVAG: upravlenie propagandy (informacii) i S. I. Tjul'panov 1945–1949 [Die SMAD. Die Verwaltung für Propaganda (Information) und S. I. Tjul'panov 1945–1949], Moskau 1994; Bernd Bonwetsch/Gennadij Bordjugow/Norman M. Naimark (Hrsg.), Sowjetische Politik in der SBZ 1945–1949. Dokumente zur Tätigkeit der Propagandaverwaltung (Informationsverwaltung) der SMAD und Sergej Tjul'panov, Bonn 1998.
[3] Vgl. den Beitrag von Alexander von Plato in diesem Band.

russischen Ausgabe erschien[4], gelang die Zusammenführung aller einschlägigen sowjetischen Unterlagen nicht.

Die deutsche Zeitgeschichtsforschung vermochte es nicht, die vielfältigen Aktivitäten für eine zusammenhängende Erschließung aller vorhandenen sowjetischen Quellen zur deutschen Zeitgeschichte zu vereinen und gegenüber den russischen Autoritäten zu vertreten. Auch das Bundesarchiv konnte zunächst nicht zu einem entscheidenden Durchbruch beitragen. Es musste Anfang der 1990er Jahre zuerst seine eigenen Aufgaben wahrnehmen und seine Anstrengungen auf die Rückführung der infolge des Zweiten Weltkriegs in die UdSSR verbrachten deutschen Archivalien nach Deutschland richten. Mitte der 1990er Jahre meldete das Bundesarchiv Interesse an der möglichst vollständigen Verfilmung der SMAD-Akten im Archivkomplex des GARF an, wo jedoch längst nicht alle diesbezüglichen Unterlagen aufbewahrt werden.

Die Existenz dieser Akten war der Forschung schon seit den 1960er Jahren bekannt, als erstmals einzelne Dokumente aus diesem Bestand veröffentlicht wurden[5]. Auch wir berichteten nach unserem ersten Moskauer Archivbesuch darüber[6]. Wenig später stieß auch Manfred Heinemann im Zusammenhang mit seinem Projekt[7] auf diese Archivalien und versuchte, unterstützt von der Volkswagen-Stiftung, den Bestand in Kooperation mit dem GARF und jungen russischen Historikern zu erschließen[8]. All diese Aktivitäten führten jedoch noch zu keinem breiten Zugang zu den SMAD-Quellen. Dies

---

[4] Vgl. Sergej Mironenko/Lutz Niethammer/Alexander von Plato (Hrsg.), Sowjetische Speziallager in Deutschland 1945 bis 1950, Bd. 2: Sowjetische Dokumente zur Lagerpolitik, Berlin 1998; Sergej Vladimirovič Mironenko (Red.), Special'nye lagerja NKVD MVD SSSR v Germanii 1945–1950 gg.: sbornik dokumentov i statej [Speziallager des NKWD/MWD der UdSSR in Deutschland 1945–1949, Dokumente und Artikel], Moskau 2001.
[5] Vgl. Um ein antifaschistisch-demokratisches Deutschland. Dokumente aus den Jahren 1945–1949, hrsg. vom Ministerium für Auswärtige Angelegenheiten der DDR und vom Ministerium für Auswärtige Angelegenheiten der Sowjetunion, Berlin 1968 (maßgeblich organisiert von Stefan Doernberg).
[6] Vgl. Elke Scherstjanoi/Jochen Laufer, Erste Schritte zur Öffnung des Bestandes der sowjetischen Militäradministration in Deutschland, in: Archivmitteilungen 40 (1990), S. 172–175.
[7] Vgl. Manfred Heinemann (Hrsg.), Hochschuloffiziere und Wiederaufbau des Hochschulwesens in Deutschland 1945–1949. Die sowjetische Besatzungszone, Berlin 2000. Vgl. auch den einleitenden Beitrag von Detlev Brunner und Elke Scherstjanoi in diesem Band.
[8] Ein Ergebnis war das biografische Nachschlagewerk: Dmitrij Nikolaevič Filippovych/Manfred Chajnemann [Heinemann], Kto byl kto v Sovetskoj voennoj administracii v Germanii 1945–1949 [Wer war wer in der SMAD 1945–1949], kratkij biografičeskij spravočnik [Ein kurzes biografisches Nachschlagewerk], Moskau 1999.

gelang erst, nachdem Mitte der 1990er Jahre der amerikanische Historiker David Pike, der sich bereits zur sowjetischen Kulturpolitik in Deutschland nach dem Zweiten Weltkrieg geäußert hatte[9], ein groß angelegtes Digitalisierungsprojekt zu den SMAD-Akten entwickelt hatte und als etwa gleichzeitig eine „Gemeinsame Kommission für die Erforschung der jüngeren Geschichte der deutsch-russischen Beziehungen" durch die Regierungen beider Staaten gebildet worden war, die die Leitungen der wichtigsten deutschen und russischen Archive mit Vertretern der deutschen und russischen Zeitgeschichtsforschung zusammenführte. Einer ihrer ersten Arbeitsschwerpunkte war die Schaffung eines Gemeinschaftsprogramms zum Studium, zur Auswertung und zur Reproduktion der SMAD-Akten. Die Doppelung mit zwei selbstständig finanzierten Projekten, zum einen das Pike-Projekt und zum anderen das Kommissionsprojekt, ergab zu wenige Synergieeffekte. Beide Projekte erreichten getrennt sehr viel, aber keineswegs eine Gesamterschließung beziehungsweise Gesamtverfilmung/-digitalisierung der SMAD-Akten in den verschiedenen Moskauer Archiven, nicht einmal derjenigen, die im GARF aufbewahrt werden. Insbesondere die Unterlagen der militärischen Führung der SMAD, die im Zentralarchiv des Verteidigungsministeriums (CAMO) lagern, bleiben noch immer unzugänglich und damit unbekannt. Einer der wichtigsten Akteure des Kommissionsprojekts war Jan Foitzik[10], der die Erforschung der SMAD seit den 1980er Jahren mit zahllosen Veröffentlichungen entscheidend vorangebracht hatte und 2011 zunächst auf Russisch und ein Jahr später auf Deutsch eine umfangreiche Sammlung seiner archivalischen Fundstücke veröffentlichte[11].

3. Persönliche Kooperationserfahrungen und wissenschaftliche Erträge

Ich selbst habe sehr wechselvolle Erfahrungen mit deutsch-russischen Kooperationsprojekten gemacht. 1992 bekam ich im AVP RF erstmals die von Georgij Kynin erarbeitete Übersicht über die Quellen zur sowjetischen Deutschlandpolitik vorgelegt. Daraus entwickelte sich eine sehr enge und tragfähige Zusammenarbeit mit Kynin und diesem Archiv. Gemeinsames

---

[9] Vgl. David Pike, The Politics of Culture in Soviet occupied Germany, 1945–1949, Stanford 1992.
[10] Vgl. den Beitrag von Jan Foitzik in diesem Band.
[11] Vgl. Jan Fojtcik [Foitzik] (Hrsg.), Sovetskaja politika v otnošenii Germanii 1944–1954: dokumenty [Sowjetische Deutschlandpolitik 1944–1954: Dokumente], Moskau 2011; Jan Foitzik (Hrsg.), Sowjetische Interessenpolitik in Deutschland 1944–1954. Dokumente, München 2012.

Ziel war es, die von Kynin angezeigten sowjetischen Dokumente zur deutschen Frage zu überprüfen, zu ergänzen und zu veröffentlichen. Aus dieser Kooperation entstanden die vier Bände „Die UdSSR und die deutsche Frage" jeweils in russischer und deutscher Ausgabe[12]. Damals, in den 1990er Jahren, war die wechselseitige Wahrnehmung von Interessen die beste Grundlage für die angestrebte, leider aber bis heute nie erreichte systematische Erschließung der sowjetischen Quellen zur deutschen Geschichte in russischen Archiven. Diese Aufgabe, die mich noch immer beschäftigt[13], ist heute viel schwieriger geworden. Meine andauernden Kooperationsbemühungen liefern heute neue Erkenntnisse zu Kooperationsmöglichkeiten mit russischen Kollegen und zu den sehr unterschiedlichen Arbeitsbedingungen in deutschen und russischen Archiven.

Rückblickend muss ich feststellen, dass das Wissen, das sich seit 1989 aus sowjetischen Quellen gewinnen ließ, niemals so groß war, dass der alte Interpretationsstreit in Bezug auf die Ursachen und Zusammenhänge der deutschen Teilung durch neue Einsichten hätte beendet werden können. Die Streitparteien nutzten vielmehr die Chance, ihre alten Positionen – modifiziert und durch neue sowjetische Quellen gestützt – aufrechtzuerhalten. Noch immer nimmt Gerhard Wettig an, Stalin wollte ganz Deutschland in seinen Einflussbereich bringen, um dem sowjetischen System die Tür nach Westen zu öffnen[14]. Noch immer glaubt Rolf Badstübner, dass der sowjetische Staats- und Parteichef an der deutschen Einheit interessiert war, um unter Verzicht auf einen solchen Systemexport die Kooperation mit den Westmächten fortzusetzen[15]. Und noch immer denkt Wilfried Loth, dass Stalin die DDR eigentlich niemals wollte[16]. Mir gelang es bisher noch

---

[12] Vgl. SSSR i germanskij vopros 1941–1949: dokumenty iz Archiva vnešnej politiki Rossijskoj Federazii [Die UdSSR und die deutsche Frage 1941–1949: Dokumente aus dem Archiv für Außenpolitik der Russischen Föderation], 4 Bde., bearb. von Georgij Pavlovič Kynin und Jochen Laufer, Moskau 1996–2012; Jochen Paul Laufer/Georgij Pavlovič Kynin (Hrsg.), Die UdSSR und die deutsche Frage 1941–1948. Dokumente aus dem Archiv für Außenpolitik der Russischen Föderation, 4 Bde., Berlin 2004 und 2012.
[13] Vorbereitet wird eine Edition von deutschen und sowjetischen Quellen unter dem Arbeitstitel: Die UdSSR und die beiden deutschen Staaten 1949–1955 in voraussichtlich vier Teilbänden.
[14] Vgl. Gerhard Wettig, Bereitschaft zu Einheit in Freiheit? Die sowjetische Deutschland-Politik 1945–1955, München 1999.
[15] Vgl. Rolf Badstübner, Friedenssicherung und deutsche Frage. Vom Untergang des „Reiches" bis zur deutschen Zweistaatlichkeit (1943 bis 1949), Berlin 1990.
[16] Vgl. Wilfried Loth, Stalins ungeliebtes Kind. Warum Moskau die DDR nicht wollte, Berlin 1994.

nicht nachzuweisen, dass Stalin und damit die sowjetische Politik während und nach dem Zweiten Weltkrieg sowohl auf die Auflösung der deutschen Machtkonzentration im Zentrums Europas als auch auf die Abgrenzung ihrer im Zweiten Weltkrieg gewonnenen Interessensphären gegenüber den Westmächten zielten und dass sie in diesem Rahmen relativ kontinuierlich an der deutschen Teilung interessiert waren[17]. Nur unter den Bedingungen der deutschen Teilung ließ sich meines Erachtens die sowjetische Einfluss-Sphäre in Osteuropa stabilisieren und damit der Siegeszug des Sozialismus in Europa im Ergebnis des Zweiten Weltkriegs scheinbar beweisen.

Prinzipiell ergänzen sich die deutschen und sowjetischen Quellen zu den vielfältigen sowjetischen Aktivitäten in Deutschland sehr gut. Nach meinen Erfahrungen können sowjetische Quellen zur Deutschlandpolitik der UdSSR ohne deutsche Quellen nur partiell verstanden werden. Und dies gilt auch umgekehrt, denn zur Untersuchung der Aktivitäten der SED und der anderen politischen Kräfte in Deutschland sind die sowjetischen Quellen unentbehrlich, liefern sie doch oft Hinweise auf die Ursprünge und Hintergründe dieser Politik, die allein aus deutschen Quellen nicht ersichtlich sind. Ebenso ergänzen natürlich auch französische, britische, amerikanische oder polnische Quellen die der UdSSR.

Ich kenne kein Thema zur sowjetischen Deutschlandpolitik, das bereits als erledigt betrachtet werden könnte. Da weder die Erschließung der SMAD-Quellen noch die Erschließung der deutschlandpolitischen Quellen in russischen Archiven abgeschlossen ist, kann davon längst noch keine Rede sein. Im CAMO, im AVP RF (dort insbesondere die chiffrierten Telegramme), im Archiv des Präsidenten der Russischen Föderation, aber auch im GARF, im Russischen Staatsarchiv für die Wirtschaft und im RGASPI lagern noch immer unbekannte Mengen an klassifizierten und damit unzugänglichen Dokumenten zur Deutschlandpolitik der UdSSR vor und nach dem Zweiten Weltkrieg. Offen sind unter anderen die Fragen nach den Zielen der sowjetischen Besatzungspolitik und der Eigenart der sowjetischen Besatzungspraxis, nach der Kontinuität der sowjetischen Deutschlandplanung und Deutschlandpolitik zwischen 1941 und 1989/90. Noch immer steht die Frage: Kann wirklich von einer prinzipiellen Offenheit der sowjetischen Deutschlandpolitik ausgegangen werden? Es gibt in russischen Archiven noch viel zu tun, auch wenn die Karawane der deutschen Zeithistoriker auf der ewigen Suche nach neuen Themen längst weitergezogen ist.

---

[17] Vgl. Jochen Laufer, Pax Sovietica. Stalin, die Westmächte und die deutsche Frage 1941–1945, Berlin 2009.

Detlev Brunner
Regionale SMA-Forschung
Ein Überblick

1. Forschungsdefizite

Die im Juli 1945 errichteten Sowjetischen Militäradministrationen in den Ländern und Provinzen der SBZ waren die Mittelinstanzen zwischen der zentralen Sowjetischen Militäradministration in Deutschland und den Regierungs- und Verwaltungsorganen der deutschen Länder und Provinzen wie auch den nachgeordneten sowjetischen Besatzungsinstanzen auf regionaler und kommunaler Ebene. Sie hatten dafür zu sorgen, dass die Beschlüsse der Alliierten und die Anweisungen und Befehle der SMAD umgesetzt wurden, und sie hatten die Aufgabe, die Landesverwaltungen und Landesregierungen anzuweisen und zu kontrollieren. Dazu dienten analog zum zentralen Befehlssystem der SMAD Befehlssysteme auf Landesebene. Die SMA-Landesverwaltungen waren mithin für die Verwaltung der Besatzungszone und für die Durchsetzung der Besatzungspolitik von elementarer Bedeutung.

Dieser Bedeutung entspricht der Forschungsstand zu den SMA-Landesverwaltungen nicht. Während mit dem seit 2009 vorliegenden SMAD-Handbuch die früheren Informationslücken über Aufbau, Personal und Strukturveränderungen weitgehend geschlossen sind, zeigen allein die zu den jeweiligen Kapiteln angefügten Literaturangaben, wie wenig die Landesverwaltungen der SMA bislang Gegenstand wissenschaftlicher Bearbeitung gewesen sind[1]. Für die nachgeordneten Kommandanturen auf Bezirks-, Kreis- und Ortsebene gilt dies noch mehr[2]. Lediglich bei den Artikeln zu den Ländern Brandenburg und Mecklenburg-Vorpommern sind Titel nachgewiesen, die sich explizit mit den Quellenbeständen der jeweiligen SMA-Landesverwaltung befasst haben[3].

---

[1] Horst Möller/Alexandr O. Tschubarjan (Hrsg.), SMAD-Handbuch. Die Sowjetische Militäradministration in Deutschland 1945–1949. Redaktion: Jan Foitzik, München 2009, zu den SMA-Landesverwaltungen vgl. S. 478–563.
[2] Vgl. ebenda, S. 564–594, sowie Jan Foitzik (Hrsg.), Sowjetische Kommandanturen und deutsche Verwaltung in der SBZ und frühen DDR. Dokumente, Berlin u. a. 2015. Vorliegende kommunalgeschichtliche Arbeiten erfüllen wissenschaftliche Standards nur teilweise; vgl. z.B. Frank-Eberhard Wilde, Die Russen in Rudolstadt. Das erste Jahr der Besetzung (1945–1946), Rudolstadt ²2011.
[3] Vgl. die Beiträge von Dina N. Nochotowitsch: Brandenburg und Mecklenburg, in: Möller/Tschubarjan (Hrsg.), SMAD-Handbuch, S. 527–534, hier S. 534, und S. 534–541, hier S. 541.

Zu DDR-Zeiten war regionale SMA-Forschung kaum ein Thema. Die wenigen Aufsätze waren darauf angelegt, die positive Wirkung der SMAD und die Unterstützung der „sowjetischen Freunde" bei der „antifaschistisch-demokratischen Umwälzung" herauszustellen[4]. Jenseits dieser auf Harmonisierung angelegten, „ideologisch korrekten" Rahmensetzung gab es Ausnahmen. Zu nennen sind die Arbeiten Siegfried Kuntsches, der bereits 1974 am Beispiel der Bodenreform den Einfluss der SMA auf die deutsche Landesverwaltung quellengestützt konstatiert und damit wichtige Vorarbeiten zum Verhältnis zwischen SMA und deutscher Verwaltung auf Landesebene geliefert hat[5]. Für die westdeutsche Forschung ergaben sich angesichts des restriktiven Archivzugangs Quellenprobleme. Dennoch bot der Überblick über die SMAD, den Jan Foitzik im 1990 erstmals aufgelegten SBZ-Handbuch lieferte, grundlegende Informationen auch zu den SMA-Landesverwaltungen[6].

2. Der Forschungsstand seit 1990

Die Einheit der beiden deutschen Staaten und die damit einhergehende Wiedererrichtung der Länder im östlichen Teil Deutschlands 1990 boten den Anlass, sich mit deren Geschichte zu beschäftigen. Mit der Errichtung der „neuen Bundesländer" trat die Tatsache in das Bewusstsein der Öffentlichkeit wie auch der zeitgeschichtlichen Forschung, dass diese Länder ja schon einmal auf dem Territorium der SBZ/DDR existiert hatten, bis sie 1952 durch die neuen Bezirke ersetzt worden waren. Welche Rolle spielten diese Länder nach 1945? Wie gestaltete und entwickelte sich ihre Verwaltung unter sowjetischer Besatzung, welcher Einfluss ging von den Besatzungsorganen aus? Dies waren Fragen, die sich nun erneut stellten. Von Interesse war zudem, inwieweit deutsche Landesverwaltungen trotz der umfassenden

---

[4] Vgl. Karl-Heinz Gräfe/Helfried Wehner, Zur Politik der Sowjetischen Militäradministration in Sachsen. Die Zusammenarbeit zwischen den sowjetischen Besatzungsorganen und der Landesverwaltung Sachsen 1945 bis 1947, in: ZfG 23 (1975), S. 897–907; Joachim Mai, Die Rolle der Sowjetunion bei der antifaschistisch-demokratischen Umwälzung 1945–1949, dargestellt am Beispiel Mecklenburgs, in: Jahrbuch für Geschichte 28 (1983), S. 193–234.
[5] Vgl. z.B. Siegfried Kuntsche, Die Unterstützung der Landesverwaltung bzw. Landesregierung Mecklenburg durch die Sowjetische Militäradministration bei der Leitung der demokratischen Bodenreform, in: Jahrbuch für Geschichte 12 (1974), S. 141–182.
[6] Jan Foitzik, Sowjetische Militäradministration in Deutschland (SMAD), in: Martin Broszat/Hermann Weber (Hrsg.), SBZ-Handbuch. Staatliche Verwaltungen, Parteien, gesellschaftliche Organisationen und ihre Führungskräfte in der Sowjetischen Besatzungszone Deutschlands 1945–1949, München 1990, S. 7–69.

Regulierung der SMAD und ihrer Landesverwaltungen über Handlungsspielräume verfügten. Bedeutsam war diese Frage nicht zuletzt für die Debatte, ob im föderalen Aufbau der SBZ Elemente erkennbar waren, die gegen den Aufbau einer Diktatur standen, ja vielleicht sogar eine „demokratische Vorgeschichte" der DDR verkörperten.

Der Zugang zu bislang verschlossenen Aktenbeständen ließ auf neue Antworten hoffen. Dies galt insbesondere für die Möglichkeit, in sowjetische Aktenbestände Einsicht zu nehmen. Allerdings wurden alle SMAD-Unterlagen 1992 durch einen unveröffentlichten Erlass des russischen Präsidenten Boris Jelzin bis zum Abzug der russischen Truppen im August 1994 wieder gesperrt und blieben auch danach der Forschung vorerst verschlossen[7]. Erst 2001 wurden die Bestände von SMA-Landesverwaltungen zur Benutzung freigegeben. Aber auch die in den ehemaligen DDR-Archiven überlieferten Bestände boten (und bieten) bislang kaum ausgewertete Quellen. Für Mecklenburg-Vorpommern lässt sich feststellen, dass die im Schweriner Landeshauptarchiv liegende Empfängerüberlieferung der SMA-Befehle und sonstiger Korrespondenzen reichhaltiges Material zum sowjetischen Einfluss auf die Regierungs- und Verwaltungsarbeit bereithält[8]. Interne Vorgänge und Strukturen in der SMA-Verwaltung lassen sich angesichts dieses Schwerpunkts der Quellen allerdings nur ansatzweise erschließen.

Jan Foitzik hat in seiner 1999 veröffentlichten Monografie zur SMAD den deutschen Entscheidungsrahmen auf Landesebene angesichts der umfassenden sowjetischen Regelungstätigkeit als „in der Regel" gering eingeschätzt[9]. Ähnlich lautete das Ergebnis Stefan Creuzbergers, der in seiner 1996 publizierten Dissertation die Einflussnahme der Besatzungsorgane auf das politische System der SBZ und ihrer Länder untersucht hat, allerdings noch weitgehend ohne Zugang zu den SMAD-Akten. Creuzberger konstatierte ein bewusstes Vorgehen mit dem Ziel, ein kommunistisch dominiertes Nachkriegsdeutschland sowjetischer Prägung zu errichten[10]. Es lagen also bis zum

---

[7] Vgl. Kai von Jena, Erschließung, Reproduktion und Erforschung der Akten der Sowjetischen Militäradministration in Deutschland (SMAD) 1945–1949. Vorprojekt und erste Erfahrungen, in: Mitteilungen aus dem Bundesarchiv 9 (2001), S. 27–32, hier S. 27; vgl. auch seinen Beitrag in diesem Band.
[8] Eine erste Übersicht bot Siegfried Schlombs, Quellen im Staatsarchiv Schwerin zum Wirken der Sowjetischen Militäradministration Mecklenburg, in: Archivmitteilungen 35 (1985), S. 45 f.
[9] Vgl. Jan Foitzik, Sowjetische Militäradministration in Deutschland (SMAD) 1945–1949. Struktur und Funktion, Berlin 1999, S. 352.
[10] Vgl. Stefan Creuzberger, Die sowjetische Besatzungsmacht und das politische System der SBZ, Weimar u. a. 1996, S. 180.

Ende der 1990er Jahre durchaus Einschätzungen zur Wirkungskraft der SMA-Landesverwaltungen auf der erreichbaren Quellengrundlage vor. Eine systematische Untersuchung der SMA-Landesverwaltungen und insbesondere ihrer Befehlssysteme weist allerdings nach wie vor große Lücken auf.

Das erste Inventar, das die sowjetische Befehlsüberlieferung in einem deutschen Landesarchiv erfasste, war das von Klaus Geßner erarbeitete und 1997 veröffentlichte Inventar der SMA-Befehle der Provinz/des Landes Brandenburg[11]. 2002 folgte die Ergänzung, die die SMA-Befehlsüberlieferung im Staatsarchiv der Russischen Föderation inventarisierte. Im folgenden Jahr erschien das Inventar der Befehle der SMA Mecklenburg-Vorpommerns, das sowohl die Überlieferung im Schweriner Landeshauptarchiv wie auch jene im GARF umfasste[12]. Die genannten Inventare enthalten statistische Auswertungen der Befehlsgebung nach Themen, Anzahl, Häufung pro Monat, ferner Angaben zum Leitungspersonal und Mitarbeitern in den einzelnen Abteilungen – Angaben, die mit Ausnahme der Zahl und Inhalte der Befehle mit den Informationen des SMAD-Handbuchs abgeglichen und korrigiert werden können. Eine inhaltliche Auswertung erfolgte im brandenburgischen Fall nur rudimentär, wobei der Aspekt der „Befehlsgebung", also der Hierarchie zwischen Befehlsgeber (SMA) und Befehlsempfänger (deutsche Landesregierung) stark betont wurde. Dies sollte auf geringe Handlungsspielräume der deutschen Seite verweisen[13].

Nur für Mecklenburg-Vorpommern liegen neben dem erwähnten Inventar eine umfassende Untersuchung und Dokumentation der landespolitischen Akteure – Verwaltung, Partei (KPD/SED), Besatzungsmacht – und des vielschichtigen Komplexes von Kompetenz und Einfluss vor[14]. Als zentrales

---

[11] Vgl. Befehle der Sowjetischen Militäradministration des Landes Brandenburg 1945–1949, bearb. von Klaus Geßner, Frankfurt a. M. u. a. 1997; Inventar der Offenen Befehle der Sowjetischen Militäradministration des Landes Brandenburg. Nach der Überlieferung im Staatsarchiv der Russischen Föderation, bearb. von Klaus Geßner und Vladimir Vladimirovič Zacharov, Frankfurt a. M. u. a. 2002.

[12] Vgl. Inventar der Befehle der Sowjetischen Militäradministration Mecklenburg (-Vorpommern) 1945–1949, bearb. von Detlev Brunner, München 2003.

[13] Vgl. Klaus Geßner, Zur Überlieferung der Befehle der Sowjetischen Militäradministration des Landes Brandenburg, in: Detlev Brunner/Werner Müller/Andreas Röpcke (Hrsg.), Land – Zentrale – Besatzungsmacht: Landesverwaltung und Landesregierung in der Sowjetischen Besatzungszone, Frankfurt a. M. 2003, S. 201–213.

[14] Vgl. Die Landesregierung in Mecklenburg-Vorpommern unter sowjetischer Besatzung 1945 bis 1949. Eine Quellenedition, Bd. 1: Die ernannte Landesverwaltung, Mai 1945 bis Dezember 1946, bearb. von Detlev Brunner, Bremen 2003; Detlev Brunner, Der Schein der Souveränität. Landesregierung und Besatzungspolitik in Mecklenburg-Vorpommern 1945–1949, Köln u. a. 2006.

Ergebnis lässt sich festhalten, dass ein überbordender Regulierungs- und Kontrollanspruch der SMA faktisch zwar nicht generell umzusetzen war, aber die formal bestehenden Kompetenzen der deutschen Verwaltung ad absurdum geführt hatte. Die einzige Monografie, die die Besatzungssituation aller SBZ-Länder beschreibt, stammt aus der Feder des 2005 verstorbenen US-amerikanischen Historikers Edward N. Peterson. Seine Studie aus dem Jahr 1999 weist allerdings deutliche Mängel auf, insbesondere hat Peterson keine Analyse der SMA-Befehlsgebung geliefert[15].

Bei den Forschungen zu den Ländern Sachsen-Anhalt, Sachsen und Thüringen sind hinsichtlich der SMA-Landesverwaltungen entweder Leerstellen oder eine selektive Perspektive festzustellen. Für die Provinz Sachsen, ab 1947 Land Sachsen-Anhalt, existiert keine Untersuchung zur SMA-Landesverwaltung. Hinweise zum Verhältnis zwischen der Landesregierung und der SMA sind in den biografischen Studien zu Erhard Hübener zu finden, jenem Ministerpräsidenten, der nicht nur als LDP-Mitglied, sondern auch wegen seiner selbstbewussten Haltung gegenüber der SMA aus dem Kreis der Ministerpräsidenten der SBZ-Länder herausragte[16]. Manfred Wille hat das „Spannungsfeld" von sowjetischer Besatzung, SED-Machtstreben und Eigenverantwortung der Landesregierung lediglich skizziert[17]. Zur SMA Thüringen liegt nur ein Heft der Landeszentrale für politische Bildung vor, das Stefan Creuzberger verfasst hat[18].

Stärkere Beachtung hat die sowjetische Besatzung auf Landesebene in Sachsen erfahren. Andreas Thüsing hat einleitend zur Edition der Protokolle der sächsischen Landesverwaltung kurz das Verhältnis zur Besatzungsmacht behandelt, das durch „Anleitung und Kontrolle" gezeichnet gewesen sei. Bei der 1946 gewählten Landesregierung sei dies in dem Maße zurück-

---

[15] Vgl. Edward N. Peterson, Russian Commands and German Resistance. The Soviet Occupation 1945–1949, New York u. a. 1999. Herangezogene Quellen, zum Beispiel Berichte an das SPD-Ostbüro, werden ohne jegliche Quellenkritik in ihren Aussagen übernommen. Zudem sind zahlreiche inhaltliche Fehler (Verwechslung von Personen, falsche Namensschreibungen et cetera) enthalten.
[16] Vgl. z.B. Matthias Tullner/Wilfried Lübeck (Hrsg.), Erhard Hübener – Mitteldeutschland und Sachsen-Anhalt. Schriften, Reden, Dokumente des Landeshauptmannes und Ministerpräsidenten, Halle 2001.
[17] Vgl. Manfred Wille, Die Tätigkeit der Provinzialverwaltung/Landesregierung Sachsen-Anhalt im Spannungsfeld zwischen sowjetischer Besatzungsherrschaft, SED-Machtstreben und Eigenverantwortung (1945–1949), in: Brunner/Müller/Röpcke (Hrsg.), Land – Zentrale –Besatzungsmacht, S. 107–134.
[18] Stefan Creuzberger, Die Sowjetische Militäradministration in Thüringen 1945, Erfurt 1993.

gegangen, in dem sich die SMAD zunehmend der SBZ-Zentralverwaltungen als Weisungsinstanz gegenüber den Ländern habe bedienen können. Außer kurzen Verweisen auf die Befehlsstruktur sind jedoch weitere Erläuterungen zur SMA-Landesverwaltung nicht enthalten; die Edition berücksichtigt nur Protokolle der deutschen Landesverwaltung[19]. Bereits 1995 hat Alexander Haritonow seine Dissertation über die Hochschulpolitik in Sachsen veröffentlicht und darin ausführlicher über den Aufbau der sächsischen SMA sowie der Dresdner Stadtkommandantur informiert[20]. Haritonow zeichnet ein differenziertes Bild: „In der Anfangszeit (bis 1947) bildeten erfahrene Pädagogen die Mehrheit der Mitarbeiter. Sie versuchten die Lösung von Aufgaben weniger von politischen Doktrinen, als vielmehr von den Erfordernissen von Lehre und Forschung abhängig zu machen." 1947 jedoch habe im Zuge des Kalten Kriegs einen Wendepunkt gebildet. Die erste Generation (die Frontgeneration) in den SMA-Organen sei weitgehend durch speziell geschulte Kader ersetzt worden, „die eine wesentlich härtere politische Linie vertraten".

Die Abteilungen für Volksbildung können sicher nicht stellvertretend für die Politik und Praxis der SMA generell gewertet werden. Im Unterschied zu den „weichen" Bereichen der Volksbildungspolitik waren den für politische und ideologische Fragen zuständigen Abteilungen innerhalb der SMA-Strukturen andere Rollen zugewiesen. Genau diesem Komplex widmete sich Johannes Raschka 2001 in einem Aufsatz zur SMA in Sachsen, mit dem Titel „Sowjetisierung in der Region". Neben einem kurzen Überblick über den allgemeinen Aufbau ging Raschka auf die Abteilung für innere Angelegenheiten und auf die Propaganda- beziehungsweise Informationsabteilung ein. Raschka kam zu dem Ergebnis, dass der Anspruch von umfassender Steuerung und Kontrolle allein wegen der geringen Personaldecke an Grenzen gestoßen sei – ein Ergebnis, das generalisierbar ist.

Weitere Arbeiten beschäftigten sich mit dem Verhältnis der SMA zur CDU in Sachsen, mit ihrer Rolle bei der Kaderpolitik und generell mit der Frage des „Diktaturaufbaus"[21]. Dabei spielte die Perspektive „Sowjetisierung"

---

[19] Vgl. Andreas Thüsing (Hrsg.), Das Präsidium der Landesverwaltung Sachsen. Die Protokolle der Sitzungen vom 9. Juli 1945 bis 10. Dezember 1946, Göttingen 2010, S. 63–70; vgl. auch Andreas Thüsing, Landesverwaltung und Landesregierung in Sachsen 1945–52. Dargestellt am Beispiel ausgewählter Ressorts, Frankfurt a. M. u. a. 2000.
[20] Vgl. Alexander Haritonow, Sowjetische Hochschulpolitik in Sachsen 1945–1949, Weimar u. a. 1995, insbesondere S. 40–68; die folgenden Zitate finden sich ebenda, S. 254.
[21] Vgl. Stefan Donth, Die Sowjetische Militäradministration und die CDU in Sachsen 1945–1952. Eine bürgerliche Partei aus dem Blickwinkel der Besatzungsmacht, in:

eine zentrale Rolle. Diese Fokussierung erfordert differenzierende Nachfragen. Denn was ist unter „Sowjetisierung" eigentlich zu verstehen? Sollten die sowjetischen Besatzungsinstanzen Verhältnisse nach sowjetischem Muster errichten? Michael Lemke hat darauf verwiesen, dass sowjetischer Einfluss nicht gleich Sowjetisierung bedeutet[22].

Die administrativen Aufgaben der SMA-Landesverwaltungen, ihre Funktionen der Kontrolle, das Administrieren per Befehl – all dies ist bekannt und nicht umstritten. Doch bei der Frage, nach welchen Vorgaben die Besatzungsinstanzen vorgingen, scheiden sich die Geister. Der These, die Sowjetunion und mithin die SMAD habe über kein geschlossenes Konzept für die Besatzung und vor allem keinen Masterplan für eine Sowjetisierung vor Augen gehabt, stehen Thesen gegenüber, die im Grunde das Gegenteil behaupten und wie Mike Schmeitzner von einer gezielten Politik der „Diktaturdurchsetzung" zum Zweck der Gestaltung Ostdeutschlands nach sowjetischem Modell ausgehen[23].

Lange bekannt und unbestritten ist, dass deutsche Kommunisten, insbesondere die Exilgruppen aus Moskau, das Besatzungsregime gegenüber der deutschen Bevölkerung positiv vertreten und dessen Maßnahmen unterstützen sollten – aber lief das unter dem Motto Sowjetisierung? Wenn man den Blick nicht ausschließlich auf den Komplex von Herrschaft und Repression richtet, dann werden andere Szenarien sichtbar. Im Bereich der Wirtschaft, zweifelsfrei ein Schwerpunkt sowjetischer Besatzungspolitik, ergaben sich chaotische Situationen, in denen verschiedene sowjetische Stellen gegeneinander arbeiteten. Die Chefs der SMA-Landesverwaltungen förderten partikularistische Tendenzen, weil sie ihr Land in möglichst gutem Licht präsentieren wollten. Mit dem Aufbau eines am sowjetischen Modell orientierten zentralistischen Wirtschaftssystems hatte all dies wenig zu tun; dieser erfolgte frühestens ab 1948[24], auf diesem Feld konnte von gezielter Sowjeti-

---

Historisch-politische Mitteilungen 7 (2000), S. 109–133; Johannes Raschka, Kaderlenkung durch die Sowjetische Militäradministration in Sachsen, in: Rainer Behring/Mike Schmeitzner (Hrsg.), Diktaturdurchsetzung in Sachsen. Studien zur Genese der kommunistischen Herrschaft 1945–1952, Köln u. a. 2003, S. 51–78.

[22] Vgl. Michael Lemke (Hrsg.), Sowjetisierung und Eigenständigkeit in der SBZ/DDR (1945–1953), Köln u. a. 1999, S. 12 ff. (Einleitung).

[23] Zu den Positionen vgl. Brunner, Schein, S. 18 ff.

[24] Vgl. Winfrid Halder, „Modell für Deutschland". Wirtschaftspolitik in Sachsen 1945–1948, Paderborn u. a. 2001; Friederike Sattler, Wirtschaftsordnung im Übergang. Politik, Organisation und Funktion der KPD/SED im Land Brandenburg bei der Etablierung der zentralen Planwirtschaft in der SBZ/DDR 1945–1952, 2 Bde., Münster u. a. 2002, hier Bd. 2, S. 842 f.; Brunner, Schein, S. 325–337.

sierung also keine Rede sein. Wichtig ist es zu differenzieren – hier könnten vergleichende Studien der einzelnen Länder weitere Erkenntnisse liefern.

3. Einige Ergebnisse

Was das Wirken der SMA-Landesverwaltungen betrifft, lassen sich folgende Phasen feststellen: In einer ersten Phase bis zum Herbst 1945 waren die SMA-Landesverwaltungen auf den Aufbau der eigenen Organisation konzentriert. Dies schlug sich in der Befehlsgebung nieder: Ein hoher Anteil betraf interne Angelegenheiten. Der Austausch und die Anweisungen an die deutschen Stellen erfolgten in dieser Anfangsphase vor allem mündlich[25]. An diese Zeit der Formierung schloss sich eine bis in das Jahr 1947 reichende Phase an. In dieser Zeit stellten die SMA-Landesverwaltungen die wesentlichen Instanzen zur Anweisung und Durchsetzung von Landespolitik dar; noch hatten die zentralen deutschen Verwaltungen wenige oder keine Kompetenzen gegenüber den Ländern. Allerdings wurden auf Landesebene auch Organe der Legislative und der Exekutive gewählt sowie Landesverfassungen verabschiedet. Für die SMA-Landesverwaltungen ergaben sich durch diese formalen demokratischen Strukturen weitere Aufgaben der Einflussnahme und Kontrolle – bei Wahlen und vor allem bei der Vorbereitung und der Kontrolle der Gesetzgebung. Angesichts des Kontrollanspruchs der SMA war es folgerichtig, dass trotz der Existenz der Länderparlamente die Befehlstätigkeit der Landesverwaltungen nur unmerklich abnahm. Mit der Zentralisierung deutscher Verwaltung auf zonaler Ebene ab 1948 reduzierte sich die Regelungsfunktion der Landes-SMA. Der Rückgang der Zahl der Befehle, die sich an die Landesregierung wandten, zeigt dies deutlich – eine Erscheinung, die sich in den Ländern der SBZ allgemein beobachten lässt.

Was die Besatzungspraxis anbelangt, so bestätigen Ergebnisse auf Landesebene die vorliegenden allgemeinen Aussagen zur SMAD[26]: Die Leiter und Mitarbeiter der SMA-Landesverwaltungen wie der nachgeordneten Verwaltungen handelten aus ihren sowjetisch geprägten Erfahrungen heraus – andere hatten sie nicht. Insofern waren Prinzipien parlamentarischer, pluralistischer Demokratie allenfalls theoretisch, aber nicht aus der Praxis bekannt. Diese Erfahrungshorizonte prägten das Handeln, sie bedeuteten,

---

[25] Vgl. für Mecklenburg-Vorpommern Brunner, Inventar, S. 11; Brunner, Landesregierung, S. 49 f.
[26] Vgl. Inventar der Befehle des Obersten Chefs der Sowjetischen Militäradministration in Deutschland (SMAD) 1945–1949. Offene Serie, zusammengestellt und bearb. von Jan Foitzik, München 1995, S. 42.

wenn man so will, eine Sowjetisierung in der Praxis, aber sie bedeuteten dies nicht intentional[27]!

Wie häufig in solch verzweigten Institutionen, wie die SMAD und ihre Landesverwaltungen es waren, folgten auch hier eigenmächtiges Vorgehen und nicht abgestimmtes Verhalten aus unklaren Kompetenzen, institutionellen Konkurrenzen und persönlichen Profilierungsabsichten. Mangelnde Ausstattung, Inkompetenz und Verzögerung von Verwaltungsakten teils um Monate (etwa durch Verschleppung der überlasteten Zensurorgane) leisteten Vorschub für Ineffizienz und schufen notgedrungen Entscheidungsspielräume für die deutsche Verwaltung.

4. Ausblick

Die Geschichte der SBZ und ihrer Länder ist ohne die Einbeziehung der SMA-Landesverwaltungen kaum zu schreiben. Dies gilt unabhängig von den Schwerpunkten, ob sie nun politik-, gesellschafts- oder kulturgeschichtlich gesetzt werden. Dabei spielen die Bereiche unterhalb der Landesebene, insbesondere die lokale Ebene, eine besondere Rolle – hier war die Auswirkung des Besatzungshandelns konkret und der Kontakt zwischen Besatzungsmacht und Besetzten am direktesten. Weitere, auch vergleichende Studien, könnten wichtige Erkenntnisse zu einer politischen Gesellschaftsgeschichte der Nachkriegszeit bieten. Auf der Ebene der SMA-Landesverwaltungen und ihres archivalischen Nachlasses wird sichtbar, wie die Besatzungspolitik in der Realität umgesetzt wurde und welche regionalspezifischen Probleme sich ergaben. Im Verein mit der Überlieferung deutscher (Landes-)Archive lässt sich so ein vielschichtiges Bild zeichnen.

Die in diesem Beitrag reflektierte regionale SMA-Forschung nimmt in erster Linie eine deutsche Perspektive ein und fragt nach der Rolle der Besatzungsbehörden. Von Interesse für die Besatzungspraxis und deren Zielsetzung wäre es jedoch, mehr über die sowjetischen Besatzungsoffiziere zu erfahren. Wie schätzten sie deutsche Politiker und Verwaltungsfachleute ein? Eine systematische Studie hierzu steht noch aus. Es ist bekannt, wie unterschiedlich die ökonomischen und sozialen Voraussetzungen in den einzelnen SBZ-Ländern waren. Welche Folgen hatte dies für die jeweiligen SMA-Verwaltungen? In welchen Bereichen lässt sich Besatzungshandeln generalisieren, wo gab es Abweichungen und Eigenständigkeiten? Wie gestalteten

---

[27] Diese Schlussfolgerung auch bei Norman M. Naimark, Die Russen in Deutschland. Die sowjetische Besatzungszone 1945 bis 1949, Berlin 1997, S. 544.

sich Kommunikation und Austausch zwischen den SMA-Landesverwaltungen? Dies sind einige Fragen, die weiter zu bearbeiten wären.

Zeitgeschichtliche Forschung unterliegt Konjunkturen. Die Erforschung der Besatzungszeit in Deutschland nach dem Zweiten Weltkrieg gehört derzeit nicht zu den boomenden Themen. Nach dem Aufschwung der SBZ- und DDR-Forschung in den 1990er Jahren und einigen Debatten über Weiterungen der Perspektive („Verinselung" der DDR-Forschung) ist es um die regionale SBZ-Forschung ruhig geworden. Sicherlich sind die größeren Linien der Besatzungspolitik erforscht, auch zur Besatzungspolitik und -wirklichkeit in den Ländern liegen Studien vor. Die Lücken sind jedoch deutlich. Regionale SMA-Forschung ist und bleibt jenseits der Konjunkturen unverzichtbar.

Jürgen John
Über die Aussagekraft regionaler SMA-Akten für die SBZ-Forschung
Das Fallbeispiel der „Ära Paul" in Thüringen 1945 bis 1947

1. Besatzungsherrschaft auf Landesebene als Forschungsproblem

Die Feststellung Jan Foitziks aus dem Jahr 2003, man wisse über das Handeln der sowjetischen Landes-Militäradministrationen „wenig Konkretes"[1], trifft noch immer zu. Zwar hat sich seitdem die Forschungslandschaft gewandelt, und man weiß nun deutlich mehr über den Aufbau der Militäradministrationen in den Ländern. Die im SMAD-Handbuch[2] knapp porträtierte Struktur und Geschichte der fünf Landes-Militäradministrationen ist aber bislang insgesamt nur unzureichend mit Erkenntnissen über das Zusammenwirken deutscher und sowjetischer Stellen in den Ländern und Provinzen der SBZ angereichert worden. Der Erkenntnisfortschritt stellt sich überdies regional sehr unterschiedlich dar[3]. Für Thüringen etwa ist die SMA nur grob skizziert[4] und noch nicht auf der Grundlage des nun im Bundesarchiv zugänglichen Aktenbestands systematisch untersucht worden.

Immerhin mehren sich die Zweifel an der Vermutung, der Handlungs- und Entscheidungsrahmen der Landes-Militäradministrationen sei äußerst gering gewesen, ja sie hätten sich besatzungs- und ordnungspolitisch darauf beschränkt, die Anordnungen der SMAD durchzusetzen, ohne selbst initiativ zu werden. Einschlägige Akten legen den Schluss nahe, dass die SMA für Thüringen (SMATh) nach einer Phase des Aufbaus 1945 vor allem 1946/47

---

[1] Jan Foitzik, Die Sowjetische Militäradministration in Deutschland. Aspekte ihrer Tätigkeit aus landeshistorischer Sicht, in: Detlev Brunner/Werner Müller/Andreas Röpcke (Hrsg.), Land – Zentrale – Besatzungsmacht. Landesverwaltung und Landesregierung in der Sowjetischen Besatzungszone, Frankfurt a. M. u. a. 2003, S. 171–186, hier S. 180.
[2] Vgl. Horst Möller/Alexandr O. Tschubarjan (Hrsg.), SMAD-Handbuch. Die Sowjetische Militäradministration in Deutschland 1945–1949. Redaktion: Jan Foitzik, München 2009, S. 478–563.
[3] Vgl. den Beitrag von Detlev Brunner in diesem Band.
[4] Vgl. Stefan Creuzberger, Die Sowjetische Militäradministration in Thüringen 1945–1949, Erfurt 1993; Dina N. Nochotowitsch, Thüringen, in: Möller/Tschubarjan (Hrsg.), SMAD-Handbuch, S. 557–563.

eine recht maßgebliche Rolle gegenüber den deutschen Verwaltungen in diesem Land spielte, bis sich die Szenerie dann mit der Zentralisierung der SBZ seit 1947/48 grundlegend änderte. Noch immer wird aber selbstbewusst-eigenständiges Handeln in den Landes-Besatzungsadministrationen eher auf Willkür und persönliche Eitelkeiten bestimmter Generäle als auf besatzungspolitische Gestaltungsabsichten zurückgeführt. Man übersieht gern, dass die SMA keineswegs nur zentrale Anweisungen umsetzten, sondern auch regionale (eigene und deutsche) Interessen in Berlin-Karlshorst zur Geltung brachten – oder das zumindest versuchten. Umgekehrt wurden ihren Steuerungs- und Kontrollansprüchen und ihrer vor allem im Wirtschaftssektor ausgeprägten Befehls- und Regulierungswut sicher nicht nur von Karlshorst, sondern auch von den Realitäten der Besatzungsherrschaft vor Ort spezifische Grenzen gesetzt. Es ist dringend erforderlich, hier mehr Klarheit zu schaffen.

Die Rolle der Verwaltungschefs der Landes-Militäradministrationen, zugleich Stellvertreter für Zivilangelegenheiten, genauer zu bestimmen, ist ein wichtiger Teil dieses Anliegens. Die Ansichten scheinen bunt durcheinander zu gehen, wie sich am Beispiel des Verwaltungschefs der SMATh zeigen lässt[5]. Die Urteile über Ivan S. Kolesničenko changieren von vergleichsweise liberal und problembewusst[6] bis zu weithin bekannter „Despot", der es mit seinem „Dirigismus besonders schlimm trieb"[7]. Diese Aussage wurde freilich in völliger Unkenntnis relevanter Akten formuliert und ist eher eine Vermutung als ein empirisch fundiertes Urteil. Tatsächlich tritt uns Kolesničenko in den Akten als profilierter, entscheidungsfreudiger, im Rahmen seiner Möglichkeiten recht selbstbewusst agierender, deutscherseits weithin respektierter, jedenfalls nicht als despotisch wahrgenommener Besatzungsoffizier entgegen, der seine Befugnisse ausgiebig nutzte. Er galt auch deshalb als der eigentlich starke Mann der SMATh, weil die SMATh-Chefs Wassili I.

---

[5] Als biografisches Porträt vgl. Sebastian Schlegel, Zwischen zentralen Vorgaben und Pragmatismus. Die Hochschul- und Wissenschaftspolitik der Sowjetischen Militäradministration in Deutschland 1945–1949, Diss., Jena 2012, S. 171–216; hier finden sich zwar neue Erkenntnisse über Kolesničenkos sowjetischen Sozialisationshintergrund, aber wenig über seine Tätigkeit als Verwaltungschef der SMATh.
[6] Vor allem bezogen auf sein Memorandum vom 29. 11. 1948 für einen Methodenwechsel in der Besatzungspolitik; auszugsweise abgedruckt in: Bernd Bonwetsch/Gennadij Bordjugow/Norman M. Naimark (Hrsg.), Sowjetische Politik in der SBZ 1945–1949. Dokumente zur Tätigkeit der Propagandaverwaltung (Informationsverwaltung) der SMAD unter Sergej Tjul'panov, Bonn 1998, S. 183–198.
[7] Petra Weber, Justiz und Diktatur. Justizverwaltung und politische Strafjustiz in Thüringen 1945–1961, München 2000, S. 51.

Čujkov (1945/46) und Iwan W. Boldin (1946–1949) landespolitisch kaum in Erscheinung traten. Kolesničenkos mitunter widersprüchliches Verhalten dürfte weniger charakterlichen Schwächen als vielmehr den Widersprüchen und Konstellationswechseln sowjetischer Deutschland- und Besatzungspolitik geschuldet gewesen sein. Ein Buch- und Editionsprojekt zur Amtszeit und zur Flucht des Thüringer Ministerpräsidenten Rudolf Paul[8] hat neue Erkenntnisse zur Relevanz regionaler SMA-Quellen für die landesgeschichtliche Forschung erbracht; diese seien im Folgenden zu einigen Gedanken, Eindrücken und Thesen zusammengefasst.

2. Landesgeschichtliche Forschungsbilanz

Die Geschichte der SBZ war – soweit es um deutsches Verwaltungshandeln ging – bis 1948 in erster Linie eine Geschichte ihrer Länder und Provinzen. Bis zu den Weichenstellungen 1947/48 mit der Gründung und Umbildung der Deutschen Wirtschaftskommission erfolgte deutsche Verwaltungs- und Regierungstätigkeit in einer noch relativ offenen Handlungssituation vor allem auf Landes- beziehungsweise Provinzialebene – freilich unter den Bedingungen der Besatzungsherrschaft nur in gleichsam delegierter Form. Die 1945 als Hilfsorgane für die SMAD gegründeten Deutschen Zentralverwaltungen tendierten zwar von Anfang an dazu, zoneneinheitlich-zentralisierend in Länderbelange einzugreifen. Bis Ende 1946 unterstützte die SMAD aber solche Tendenzen nur begrenzt. Mehrfach bremste sie. Erst 1947 erhielten die Zentralverwaltungen vor allem auf wirtschaftlichem Gebiet beträchtliche Vollmachten. Bis dahin waren sie keineswegs die maßgeblichen deutschen Handlungsträger, was sich auch in ihren nur mäßig aussagekräftigen Akten widerspiegelt[9]. Aus Ländersicht galten sie als „auto-

---

[8] Das Buch wird mit einer umfangreichen Dokumentation auf CD-ROM 2015 im Böhlau Verlag erscheinen.
[9] Vgl. dazu die Arbeiten von Wolfgang Merker: Die Deutschen Zentralverwaltungen in der sowjetischen Besatzungszone Deutschlands und ihr Archivgutverbleib, in: Archivmitteilungen 41 (1991), S. 151–156; Die Deutschen Zentralverwaltungen in der sowjetischen Besatzungszone Deutschlands 1945–1947, Diss., Berlin 1980; Landes- und Zentralverwaltungen. Konstituierung und Ausrichtung der SBZ-Verwaltungsspitze durch die SMAD, in: Hartmut Mehringer/Michael Schwartz/Hermann Wentker (Hrsg.), Erobert oder befreit? Deutschland im internationalen Kräftefeld und die sowjetische Besatzungszone (1945/46), München 1999, S. 93–107; Martin Broszat/Hermann Weber (Hrsg.), SBZ-Handbuch. Staatliche Verwaltungen, Parteien, gesellschaftliche Organisationen und ihre Führungskräfte in der Sowjetischen Besatzungszone Deutschlands 1945–1949, München 1990, S. 201–196. Eine Gesamtgeschichte der SBZ-Zentralverwaltungen auf neuer – auch die SMAD-Akten einschließender – empirischer Grundlage steht noch aus.

ritär-bürokratische Gebilde"[10], denen die Gesetzgebungsbefugnisse der Landespräsidenten beziehungsweise der Landtage fehlten. Gebe man ihren Eingriffsabsichten nach, dann laufe die „in den dezentralisierten Selbstverwaltungen der Länder und Provinzen verkörperte Idee der Demokratie [...] Gefahr, durch eine zentral gesteuerte Bürokratie ersetzt zu werden"[11]. Die Länder verlangten nicht nur, ihre Interessen zu berücksichtigen, sondern beanspruchten auch ihren „Anteil an der Gestaltung des Zonenwillens"[12]. Trotz Zentralisierungsdruck erreichten sie das zumindest solange, bis der Weg in den Zonenstaat Konturen gewann und sie ihre Kompetenzen weitgehend einbüßten.

Zwar beeinflusste die SED als „Partei der Besatzungsmacht" in tendenziell steigendem Maße deutsches Verwaltungshandeln auf Länder- und Zonenebene. Doch Landespolitik war mehr als nur ein Forum für SED-Politik und keineswegs nur ein Instrument kommunistischer Herrschaft und diktaturdurchsetzender Sowjetisierung. Die SED beanspruchte die führende Rolle auch in den Verwaltungen, oft sah es in der Realität aber ganz anders aus. Im Thüringen der „Ära Paul" zum Beispiel klagte die SED-Landesleitung häufig, sie werde bei der Landespolitik und der Kooperation mit den Besatzungsinstanzen übergangen. In der Forschung zur Landespolitik in der SBZ, zu den Länderinstanzen und ihren Interaktionen mit der Besatzungsmacht ist das bislang zu wenig beachtet worden. Gewiss hat der Forschungsboom seit dem Ende der DDR auch für die Geschichte der SBZ einen beträchtlichen Erkenntniszuwachs gebracht. Systematisch aber sind die landespolitisch relevanten Tätigkeitsfelder deutschen Verwaltungshandelns nur in Einzelfällen untersucht worden. Ebenso blieben die jeweiligen Entscheidungen der SMA-Landesadministrationen und die konkreten Interaktionen deutscher und russischer Instanzen oft unberücksichtigt. Die Entstehung und Tätigkeit der fünf Landes- beziehungsweise Provinzialverwaltungen, ihre Kooperation mit Besatzungsbehörden, ihr schwieriges Verhältnis zu den – sowjetischerseits

---

[10] So der Thüringer Justizminister Helmut Külz (LDP) in der Regierungssitzung am 7. 2. 1947, die einen gutachterlich gestützten Beschluss gegen die vorbereitete „Vereinbarung" der Länder und Provinzen mit den wirtschaftlichen Zentralverwaltungen fasste, auf dessen Grundlage Thüringen am 10. 2. 1947 die Unterschrift verweigerte; ThHStAW, BMP, 460, Bl. 60.
[11] So der Thüringer Landespräsident Rudolf Paul (damals parteilos, seit 1946 SED) in einem Schreiben vom 29. 10. 1945 an den SMAD-Chef Žukov; ThHStAW, BMP, 1361, Bl. 13.
[12] So der Thüringer Wirtschaftsminister Georg Appell (SPD/SED) in der Regierungssitzung am 7. 2. 1947 – ThHStAW, BMP, 460, Bl. 60.

stark kontrollierten – Zentralverwaltungen und ihre Interzonenkontakte sind noch nicht umfassend dargestellt worden.

Dieses Bild hat sich seit den 2003 publizierten Zwischenbilanzen[13] nur punktuell geändert. Lediglich zu den Landesverwaltungen Mecklenburg-Vorpommerns[14] und Sachsens[15] sind seitdem gründlich bearbeitete Dokumentationen erschienen. Für Thüringen liegt nur eine ältere, ungedruckte Dissertation über die Entstehung der Landesverwaltung 1945 vor[16], für Brandenburg ein Sammelband zum Jahr 1945[17]. Defizite zeigen sich auch mit Blick auf die Landes- und Ministerpräsidenten, von denen Wolfgang Benz einst irrtümlich meinte, sie seien wegen des geringen Gewichts ihrer Länder durchweg „eher farblose Leute" gewesen[18]. Mit Ausnahme von Rudolf Paul sind die anderen vier (Erhard Hübener, Sachsen-Anhalt[19], Rudolf Friedrichs, Sachsen[20],

---

[13] Vgl. Rainer Eppelmann/Bernd Faulenbach/Ulrich Mählert (Hrsg.), Bilanz und Perspektiven der DDR-Forschung, Paderborn u. a. 2003.
[14] Vgl. Die Landesregierung in Mecklenburg-Vorpommern unter sowjetischer Besatzung 1945 bis 1949. Eine Quellenedition, Bd. 1: Die ernannte Landesverwaltung, Mai 1945 bis Dezember 1946, bearb. von Detlev Brunner, Bremen 2003; Detlev Brunner, Der Schein der Souveränität. Landesregierung und Besatzungspolitik in Mecklenburg-Vorpommern 1945–1949, Köln u. a. 2006.
[15] Vgl. Andreas Thüsing, Landesverwaltung und Landesregierung in Sachsen 1945–1952. Dargestellt am Beispiel ausgewählter Ressorts, Frankfurt a. M. u. a. 2000; Andreas Thüsing (Hrsg.), Das Präsidium der Landesverwaltung Sachsen. Die Protokolle der Sitzungen vom 9. Juli 1945 bis 10. Dezember, Göttingen 2010.
[16] Vgl. Volker Wahl, Der Beginn der antifaschistisch-demokratischen Umwälzung in Thüringen. Die Organisierung der gesellschaftlichen Kräfte und der Neuaufbau der Landesverwaltung 1945, Diss., Jena 1976.
[17] Vgl. Werner Stang (Hrsg.), Brandenburg im Jahr 1945. Studien, Potsdam 1995.
[18] Wolfgang Benz, Potsdam 1945. Besatzungsherrschaft und Neuaufbau im Vier-Zonen-Deutschland, München ²1992, S. 129.
[19] Vgl. Elke Scherstjanoi, Gegen eine „völlige Sowjetisierung der Ostzone". Neues zur Amtsniederlegung des Ministerpräsidenten von Sachsen-Anhalt, Dr. Erhard Hübener (LDP), im Sommer 1949. Dokumentation, in: GiW 9 (1994), S. 197–223; Mathias Tullner/Wilfried Lübeck (Hrsg.), Erhard Hübener – Mitteldeutschland und Sachsen-Anhalt. Schriften, Reden, Dokumente des Landeshauptmanns und Ministerpräsidenten, Halle 2001; Manfred Wille, An der Spitze Sachsen-Anhalts 1945–1949. Erhard Hübener in Aufzeichnungen, Dokumenten, Briefen, Reden, Kremkau 2001.
[20] Vgl. Michael Richter/Mike Schmeitzner, „Einer von beiden muß so bald wie möglich entfernt werden". Der Tod des sächsischen Ministerpräsidenten Rudolf Friedrichs vor dem Hintergrund des Konfliktes mit Innenminister Kurt Fischer 1947. Eine Expertise des Hannah-Arendt-Instituts im Auftrag der Sächsischen Staatskanzlei, Leipzig 1998/99; Mike Schmeitzner, Rudolf Friedrichs. Neuanfang unter sowjetischer Besatzung (1945–47), in: ders. (Hrsg.), Von Macht und Ohnmacht. Sächsische Ministerpräsidenten im Zeitalter der Extreme 1919–1952, Beucha 2006, S. 309–340.

Wilhelm Höcker, Mecklenburg-Vorpommern[21], und Carl Steinhoff, Brandenburg[22]) inzwischen in unterschiedlicher Weise porträtiert worden, aber die Ergebnisse sind insgesamt eher unbefriedigend. Darstellungen zur Territorialstruktur der SBZ/DDR haben die Länder meist von ihrem Ende 1952 her beschrieben, das Zentralismus-Föderalismus-Problem nur schwach erörtert und Länderinteressen kaum berücksichtigt. Aus solcher Perspektive scheint eine weitergehende Analyse gar nicht nötig zu sein. Wozu sich eingehend mit etwas befassen, das ohnehin nur Episode blieb[23]? Einigen Kollegen zufolge begann die Auflösung der Länder schon mit ihrer Neugründung 1945.

3. Interessenspektrum, Spannungen und Handlungsmöglichkeiten

Das Beispiel des Thüringer Landes- und Ministerpräsidenten Rudolf Paul zeigt, wohin solche Kurzsichtigkeit führt. In der DDR-Historiografie war Paul wegen seiner Flucht in den Westen persona non grata; er wurde kaum noch erwähnt. Seitdem sind die alten Verdikte lediglich kolportiert worden, weil man sich nicht die Mühe machte, sich gründlich und quellengestützt mit seiner Amtszeit zu befassen. Dabei stellt Pauls Politik einen geradezu paradigmatischen Fall dar. Seine um eigenständig-rechtsstaatliche Umgestaltungswege und um intensive Interzonenkontakte bemühten Aktionen schufen Konflikte, die 1947 dann zu seiner spektakulären Flucht führten. Er habe zuvor – wurde ihm nach seiner Flucht aus hessischer Außensicht bescheinigt – die Chancen, die ihm die russische Politik in den ersten Nachkriegsjahren geboten habe, bis an die Grenze des Möglichen im deutschen Interesse genutzt; deshalb sei ihm die führende Rolle unter den Regierungschefs der Ostzone zugefallen[24].

---

[21] Vgl. Solveig Simowitsch, „…Werden als Wortbrüchige in die Geschichte der SPD eingehen …" Sozialdemokratische Konvertiten. Wilhelm Höcker, Carl Moltmann, Otto Buchwitz und Heinrich Hoffmann, Berlin 2006; hier handelt es sich um ein methodisch fragwürdiges Gruppenporträt.
[22] Vgl. Rudolf Steinhoff, Carl Steinhoff. Die Biografie, Berlin 2012; dieses apologetische Buch ohne ausreichende empirische Basis wurde vom Sohn des Ministerpräsidenten verfasst.
[23] So das entsprechende Kapitel bei Michael Richter/Thomas Schaarschmidt/Mike Schmeitzner (Hrsg.), Länder, Gaue und Bezirke. Mitteldeutschland im 20. Jahrhundert, Dresden 2007.
[24] So der Jurist, Nationalökonom und Frankfurter Rektor Franz Böhm in einer Erklärung vom 18.10.1948 für die Anwaltskammer Frankfurt a. M.; ThHStAW, NL Rudolf Paul, 5 Bl. 6–10.

Wenn man jedoch Inhalt, Wahrnehmung und Interpretation von Landespolitik in der SBZ allein vor dem Hintergrund zielstrebiger Fremdsteuerung, systemischer „Sowjetisierung"[25] und „Diktaturdurchsetzung" zwecks „kommunistischer Herrschaft"[26] betrachtet oder eine schon frühe Abkehr der UdSSR von der gesamtdeutschen Option und einen alleinigen Kurs auf den Zonenstaat unterstellt, lässt sich das breite Spektrum deutscher und sowjetischer Interessen nicht erfassen. So bleiben die realen deutschen Handlungsmöglichkeiten[27], Ambivalenzen, Konflikte und Aktivitäten im Verhältnis zur Besatzungsmacht unbeachtet. Die Spannungsbögen von hoffnungsvollen Ansätzen bis zum tragischen Scheitern politischer Konzepte können nicht ausgeleuchtet werden. Da bleibt eigentlich nur, die Akteure in Täter, Mittäter, Getäuschte, Gegner und Opfer einzuteilen. Das führt zu den Denkschemata des Kalten Kriegs im West-Ost-Konflikt zurück und wiederholt nur die in der DDR-Historiografie unter „antifaschistisch-demokratischer" Chiffre verbreitete Vorstellung zielgerichteter und gesteuerter Prozesse unter nunmehr umgekehrten Vorzeichen antitotalitär-antikommunistischer Narrative.

Bei der Analyse von Landespolitik sollten die Kategorien Gestaltungswille sowie Gestaltungsmöglichkeiten und -grenzen vor dem Hintergrund a) der Überwindung der Folgen des NS-Regimes und des Zweiten Weltkriegs, b) des zunächst offenen, zunehmend konfliktgeladenen, schließlich konfrontativen Ost-West-Verhältnisses und c) sich entsprechend wandelnder, keineswegs einheitlicher, längere Zeit eher zweigleisiger sowjetischer Deutsch-

---

[25] So etwa Nikita Petrov, Die SMAD, die deutsche Selbstverwaltung und die Sowjetisierung Ostdeutschlands 1945–1949, in: Andreas Hilger/Mike Schmeitzner/Clemens Vollnhals (Hrsg.), Sowjetisierung oder Neutralität? Optionen sowjetischer Besatzungspolitik in Deutschland und Österreich 1945–1955, Göttingen 2006, S. 341–366; Gerhard Wettig, Stalins DDR. Entstehung und Entwicklung der kommunistischen Herrschaft 1945–1953, Erfurt 2012; zur Kritik dieses Deutungsmusters vgl. Monika Kaiser, Sowjetischer Einfluß auf die ostdeutsche Politik und Verwaltung 1945–1970, in: Konrad Jarausch/Hannes Siegrist (Hrsg.), Amerikanisierung und Sowjetisierung in Deutschland 1945–1970, Frankfurt a. M./New York 1997, S. 111–133; Michael Lemke (Hrsg.), Sowjetisierung und Eigenständigkeit in der SBZ/DDR (1945–1953), Köln u. a. 1999.
[26] So Mike Schmeitzner/Stefan Donth, Die Partei der Diktaturdurchsetzung. KPD/SED in Sachsen 1945–1952, Köln u. a. 2002; Rainer Behring/Mike Schmeitzner (Hrsg.), Diktaturdurchsetzung in Sachsen. Studien zur Genese der kommunistischen Herrschaft 1945–1952, Köln u. a. 2003.
[27] Sehr fragwürdig dargestellt bei Albert Lisse, Handlungsspielräume deutscher Verwaltungsstellen bei den Konfiskationen in der SBZ 1945–1949. Zum Verhältnis zwischen deutschen Verwaltungsstellen und der Sowjetischen Militäradministration in Deutschland (SMAD), Stuttgart 2003.

land- und Besatzungspolitik, zum Tragen kommen. Dass Besatzungsmacht und deutsche Verwaltungen gemeinsame Interessen bei der Überwindung der Folgen von Krieg und Nationalsozialismus entwickelten, wobei Entnazifizierung nicht nur „Vorwand für Bolschewisierung"[28] war, muss dabei ebenso beachtet werden wie das Dilemma der Besatzungsmacht, die von ihr besetzte Zone rigoros für ihre Zwecke auszunutzen, dabei hart durchzugreifen und so die Bevölkerung gegen sich aufzubringen – und sich gleichzeitig um das Vertrauen der deutschen Seite zu bemühen. In deutschen Akten spiegeln sich hochkomplexe Erfahrungen und Motive deutscher Landespolitiker in ihrem Verhältnis zur Besatzungsmacht wider. Das Spektrum reicht von „enger und guter Zusammenarbeit"[29] und „guten Beziehungen"[30] über Hinweise auf die stets „misstrauischen Sowjetinstitution[en]"[31] und die oft fehlenden „einheitlichen Auffassungen bei der Militäradministration"[32] bis zur Sorge, zum „Instrument für die Russen"[33] zu werden, von der Absicht, den guten Willen zu zeigen, wenn man „die Peitsche der SMA" hinter sich spüre[34], bis zur Mahnung an die russische Seite, sie untergrabe mit rabiaten Methoden das Vertrauen der Bevölkerung zur deutschen Landespolitik[35].

4. Forschungsaussichten

Was kann eine auf Landespolitik und auf deutsche Länderinstanzen gerichtete SBZ-Forschung von den verfügbaren, bislang noch nicht oder nur gelegentlich veröffentlichten russischen Quellen des verfilmten SMAD-Bestands erwarten? Sicher kein Arkanwissen und keine Aufklärungswunder, wohl

---

[28] BArch, N 1011 (Erich Roßmann) 30, Bl. 125, Erich Roßmann, Generalsekretär des Länderrats der US-Zone, über sein Gespräch mit Erhard Hübener am 17.5.1947.
[29] BArch, NY 4182 (Walter Ulbricht) 1084, Bl. 37, Landespräsident Rudolf Friedrichs (Sachsen) in der Koordinationsberatung beim SMAD-Chef Schukow am 13.11.1945.
[30] ThHStAW, BMP 459, Bl. 279, Justizminister Helmut Külz in der Sitzung der Thüringer Landesverwaltung am 4.9.1946 über die Beziehungen zum NKWD.
[31] So der Leiter des Dolmetscherbüros der Thüringer Präsidialkanzlei am 5.12.1945; ThHStAW, BMP 513, Bl. 359.
[32] ThHStAW, BMP 1621, Bl. 56, August Frölich (SPD/SED) am 15.11.1945 im Aufsichtsrat der Thüringischen Verwaltungs-Gesellschaft.
[33] ThHStAW, BMP 1621, Bl. 57, Alphons Gaertner (LDP) im Aufsichtsrat der Thüringer Verwaltungs-Gesellschaft am 15.11.1945.
[34] GARF, fond 7184, op. 1, d. 15a, Bl. 276, Hans Lukaschek, Thüringer Landesdirektor für Land- und Forstwirtschaft, in einer Beratung am 13.8.1946 über das landwirtschaftliche Bauprogramm; der Bundesarchivbestand trägt die Signatur Z 47 F, Akten daraus werden mit der GARF-Signatur ausgewiesen.
[35] So die Haltung von Rudolf Paul in mehreren Beratungen mit dem SMATh-Verwaltungschef Kolesničenko 1946; ThHStAW, BMP 513 und 514.

aber wichtige, in deutschen Archiven nicht überlieferte Dokumente. Dabei müssen auch die in neueren Quelleneditionen zur sowjetischen Deutschland- und Besatzungspolitik bereits veröffentlichten Schriftstücke beachtet werden[36]. Sie dokumentieren die Hintergründe und den Handlungsrahmen von Landespolitik und sind deshalb unerlässlich für die Analysen. Ansonsten enthalten sie freilich – sieht man von einer Edition über SMAD und deutsche Selbstverwaltungsorgane ab[37] – nur Einzelquellen zu den im Zonenzusammenhang behandelten Aspekten. Diese Quellen sind wichtig[38], doch für das Thema Landespolitik haben sie eher punktuelle Bedeutung. Sie liefern nötiges Hintergrundwissen, sagen aber meist wenig über die Vorgänge in den Regionen aus.

Als Beispiel sei auf die an sich vorzügliche Studie über die Moskauer Entscheidungen zur Demontage der Jenaer Zeiss-Werke verwiesen[39]. Aus ihr wird nicht erkennbar, welche Rolle die SMAD und die SMATh im Konflikt um die Verwertung materieller Güter und technischen Know-hows spielten und dass sie im Rahmen ihrer Möglichkeiten versuchten, mäßigend zu wirken. Denn bei ihnen hatten zweifellos die Produktionsinteressen Vorrang vor den Demontageinteressen, was erst aus den SMA-Akten erkennbar wird[40]. Auf die engen Grenzen, die den SMA in der Demontagefrage gesetzt waren, verweisen auch in deutschen Archiven überlieferte Protokolle[41].

---

[36] Vgl. Jochen Laufer/Georgij P. Kynin (Hrsg.), Die UdSSR und die deutsche Frage 1941–1948. Dokumente aus dem Archiv für Außenpolitik der Russischen Föderation, 3 Bde., Berlin 2004; Horst Möller/Alexandr O. Tschubarjan (Hrsg.), Die Politik der Sowjetischen Militäradministration in Deutschland (SMAD): Kultur, Wissenschaft und Bildung 1945–1949. Ziele, Methoden, Ergebnisse. Dokumente aus russischen Archiven, München 2005; Jan Foitzik (Hrsg.), Sowjetische Interessenpolitik in Deutschland 1944–1954. Dokumente, München 2012.
[37] Vgl. SVAG i nemeckie organy samoupravlenija 1945–1949. Sbornik dokumentov [Die SMAD und die deutschen Organe der Selbstverwaltung 1945–1949. Dokumentensammlung], bearb. von Nikita Vasil'evič Petrov u. a., Moskau 2006.
[38] So etwa die in UdSSR und deutsche Frage, Bd. 3, S. 289–293, edierten Quellen zu den Auseinandersetzungen um die Teilnahme der ostdeutschen Ministerpräsidenten an der Münchener Konferenz 1947.
[39] Vgl. Matthias Uhl, Das Ministerium für Bewaffnung der UdSSR und die Demontage der Carl-Zeiss-Werke in Jena – eine Fallstudie, in: Rainer Karlsch/Jochen Laufer (Hrsg.), Sowjetische Demontagen in Deutschland 1944–1949. Hintergründe, Ziele und Wirkungen, Berlin 2002, S. 113–145.
[40] GARF, fond 7184, op. 1, d. 13, Bl. 436.
[41] SMATh-Offiziere erklärten am 18. 4. 1946 intern, die SMATh habe keinen Einfluss auf Beschlüsse der Demontagebevollmächtigten und könne Demontagebefehle allerhöchster Dienststellen nicht ändern. ThHStAW, BMP 513, Bl. 319 und Bl. 322.

94 Jürgen John

Die erwähnten Quelleneditionen zur sowjetischen Deutschland- und Besatzungspolitik enthalten kaum Dokumente zu den Interzonenkontakten und zur entsprechenden Haltung zonaler und regionaler Besatzungsinstanzen. Dabei zeigt das Thüringer Beispiel sehr deutlich, dass die SMATh 1946 sehr großes Interesse an Interzonenkontakten hatte, entsprechende Handelsverträge, Kompensationsgeschäfte, gesamtdeutsche Treffen, wechselseitige Arbeits- und Staatsbesuche förderte, dabei aber häufig von den zuständigen SMAD-Instanzen und den deutschen Zentralverwaltungen gebremst wurde. Das überschreite regionale Kompetenzen und müsse zoneneinheitlich geregelt werden. Das Projekt des Thüringer Landesdirektors für Justiz und des Landespräsidenten für ein groß angelegtes Treffen der Justizminister der vier Besatzungszonen auf der Wartburg 1946 wurde etwa vom SMATh-Verwaltungschef Kolesničenko und vom Präsidenten der Deutschen Justizverwaltung nachdrücklich unterstützt, vom SMAD-Chef Sokolovskij aber mit dem Argument abgelehnt, solche Treffen müssten von einer bald zu erwartenden gesamtdeutschen Regierung organisiert werden[42].

Wie sich herausstellte, geben die für das Bundesarchiv verfilmten SMA-Akten in erster Linie Auskunft über Interna der Landes-Militäradministrationen, aber auch über deutsche Vorgänge „vor Ort" und über deutsche Landespolitik, vor allem dann, wenn sie den Schriftwechsel mit deutschen Instanzen – in russischer wie in deutscher Sprache – enthalten. Landespolitische Themen kommen auch im Schriftwechsel mit der SMAD in Karlshorst zur Sprache. Die Kenntnis dieser Akten ist unerlässlich, ihr Aussagewert bleibt aber begrenzt. Ihre Benutzung kann die gründliche Auswertung deutscher Archivalien nicht ersetzen; sie stellen die Hauptüberlieferung dar. Die SMA-Akten tragen dagegen stärker komplementären Charakter. Sie sind – jedenfalls seit 1946, als sich die Militäradministration weitgehend konstituiert und institutionalisiert hatte – in eher unspektakulär-bürokratischer Weise geführt worden und den deutschen Akten gar nicht so unähnlich. So gibt es im Thüringischen Hauptstaatsarchiv umfangreiche Aktenbestände mit Befehls-Sammlungen[43], Übersetzungen von Befehlen durch das Dolmetscherbüro[44] und Schriftwechsel zur Durchführung der Befehle[45]. Außer-

---

[42] ThHStAW, MfJ, 54; BArch, DP 1/6; GARF, fond 7184, op. 1, d. 13, Bl. 204, Kolesničenko an Sokolovskij; zur ablehnenden Haltung Sokolovskijs: ThHStAW, MfJ, 54, Bl. 22.
[43] ThHStAW, BMP 516–522 (SMAD-Befehle), 523–530 (SMATh-Befehle); Zeitgeschichtliche Sammlung, 78–83 (SMATh-Befehle), 84–88 (SMAD-Befehle).
[44] ThHStAW, BMP 543–580.
[45] ThHStAW, BMP 581–644.

dem sind mehrere Akten mit Protokollen von Spitzenbesprechungen des SMATh-Verwaltungschefs und anderer hoher SMATh-Offiziere mit dem Landes- beziehungsweise Ministerpräsidenten und anderen Vertretern der Landesverwaltung/-regierung von 1945 bis 1947 überliefert[46]. Anhand dieser Akten kann man einen ziemlich guten Überblick über Verhandlungsgegenstände, Arbeitsschwerpunkte und Einzelvorgänge erhalten. Hinzu kommen zahlreiche Schriftstücke und Briefwechsel in anderen Beständen des Hauptstaatsarchivs. Vergleichbares können die SMATh-Akten, deren Überlieferung in vielen Abteilungen erst 1946 einsetzt, nicht bieten. Sie enthalten aber Dokumente, die sich in deutschen Archiven nicht finden lassen, die die dort überlieferten Quellen wesentlich ergänzen, die es ermöglichen, deren Kern zu erfassen, oder die überhaupt erst auf bestimmte Vorgänge aufmerksam machen.

5. Beispiele aus Thüringen

Unter den SMATh-Akten[47] finden sich Schriftstücke, die das Wechselspiel von Eingriffen und Kooperation zeigen und erkennen lassen, wie sich Verwaltungschef Kolesničenko verhielt, ob er Anliegen der Landesverwaltung abwies oder bei der SMAD-Spitze befürwortete – wie etwa die Berufung des Liberaldemokraten Helmut Külz (des Sohnes des LDP-Zonenvorsitzenden) zum Landesdirektor für Justiz[48] oder das schon erwähnte Projekt für ein gesamtdeutsches Juristentreffen auf der Wartburg. Beide Vorgänge sind in deutschen Akten im Weimarer Hauptstaatsarchiv und im Bundesarchiv Berlin überliefert; das Ergebnis ist bekannt. Erst aus den SMATh-Akten werden aber Teile der Entscheidungsprozesse deutlich. Aus den SMA-Akten erfahren wir auch, dass die Militäradministration seit Juni 1947 vom Ministerpräsidenten regelmäßige Berichte über den Inhalt der Regierungssitzungen verlangte[49], von denen sie offenbar vorher – das zeigt auch der offene und ungeschminkte Ton der Protokolle – keine unmittelbare Kenntnis hatte[50].

In solchen Befunden und Einzelschriftstücken liegt offenkundig die Relevanz regionaler SMA-Akten. Dazu seien weitere Thüringer Beispiele

---

[46] ThHStAW, BMP 513 und 514 sowie 459, Bl. 43–56.
[47] GARF, fond 7184 (SMATh), op. 1, vor allem die Akten der Kanzlei, d. 1-14, 15a, 16-21, und der Politischen Abteilung, d. 61-66.
[48] GARF, fond 7184, op. 1, d. 13, Bl. 209, Kolesničenko an die SMAD-Rechtsabteilung vom 24.7.1946.
[49] GARF, fond 7184, op. 1, d. 20 .
[50] Das bestätigte Kolesničenko indirekt auch in seinem Brief an den Archivar Volker Wahl vom 30.9.1973, als er bat, ihm die Regierungsprotokolle zugänglich zu machen.

angeführt. Sie betreffen ausschließlich solche Vorgänge, die nicht oder nur lückenhaft in Akten deutscher Archive belegt sind. Gemessen am politischen Gesamthandeln handelt es sich allerdings nur um Einzelfälle. Die eigentliche Grundlage für die Analyse der Landespolitik stellt, das sei noch einmal betont, die deutsche Überlieferung dar.

Ein erstes Beispiel: Im Mai 1946 reiste Hans Schlange-Schöningen, der Leiter des Zentralamts für Ernährung und Landwirtschaft der britischen Besatzungszone, offiziell nach Thüringen. Er hielt seine Eindrücke in einem Bericht an die britische Militärregierung fest, den Werner Abelshauser 1979 unter dem Titel „Zur Entstehung der Magnet-Theorie in der Deutschlandpolitik" veröffentlicht hat[51]. Im SMAD-Bestand findet sich nun das bislang unbekannte Gegenstück – der Bericht, den Rudolf Paul über diesen Besuch an Kolesničenko schrieb und der eine ganz andere Wahrnehmungsperspektive zeigt[52]. Der Interzonenkontext der Reise Schlange-Schöningens – die Staatsbesuche des hessischen Ministerpräsidenten Karl Geiler in Weimar (Januar und August 1946), der Gegenbesuch des Thüringer Landespräsidenten Paul in Wiesbaden (April 1946), Pauls Teilnahme an der Sitzung des Länderrats der US-Zone in Stuttgart (Juni 1946) und der Staatsbesuch des Bremer Bürgermeisters Wilhelm Kaisen (Juli 1946) – ist freilich nur aus den deutschen Akten erschließbar.

Ein zweites Beispiel: Im Oktober 1945 ließ Landespräsident Paul einen ihm direkt unterstellten, mit Wirtschaftsexperten besetzten Stab als eine Art *brain trust* für wirtschaftspolitische Entscheidungen, länderübergreifenden zonalen Wirtschaftsverkehr und wirtschaftliche Interzonenkontakte einrichten, der bis Ende 1946 eine Schlüsselrolle spielte und deshalb immer wieder zur Zielscheibe von KPD/SED-Angriffen wurde. Anfang Juni 1946 erfolgte ein Wechsel in der Leitung des Wirtschaftsstabs. Der bisherige Leiter ging nach Hessen. Sein Nachfolger Günter Seeliger kam aus der sächsischen Provinzialverwaltung in Halle. Der Verwaltungschef Kolesničenko empfing ihn bei Amtsantritt zu einem ausführlichen Gespräch, das Wort für Wort protokolliert wurde. Dieses aufschlussreiche, in dieser Form ungewöhnliche Dokument ist im SMA-Bestand überliefert[53]. Es bekräftigt den Eindruck, dass sich Kolesničenko bei wichtigen Entscheidungen sehr gründlich mit den jeweiligen Problemlagen und Personen beschäftigte und dabei bemüht

---

[51] Vgl. Werner Abelshauser, Zur Entstehung der „Magnet-Theorie" in der Deutschlandpolitik. Ein Bericht von Hans Schlange-Schöningen über einen Staatsbesuch in Thüringen im Mai 1945, in: VfZ 27 (1979), S. 661–679.
[52] GARF, fond 7184, op. 1, d. 14, Bl. 142–145.
[53] GARF, fond 7184, op. 1, d. 15a, Bl. 232–238.

war, im Interesse eines stabilen Besatzungsregimes das Verhältnis zur deutschen Bevölkerung zu verbessern[54].

Ein drittes Beispiel: Am 18. Juli 1946 erließ die Militäradministration für Thüringen nach dem sächsischen Volksentscheid den entsprechenden Befehl zur Über- und Rückgabe sequestrierter Betriebe, der in den deutschen Akten überliefert ist. Nicht überliefert ist dort das umfangreiche Protokoll der Besprechung, die Kolesničenko am gleichen Tage mit der Landesverwaltung und SMAD-Beauftragten zur Umsetzung dieses Befehls führte. Dieses aufschlussreiche Protokoll ist im SMA-Bestand enthalten[55].

Ein viertes Beispiel: Am 1. August 1946 schrieb Landespräsident Rudolf Paul aus dem Urlaub einen handschriftlichen Brief – was ungewöhnlich war und auf ein recht gutes persönliches Verhältnis hindeutet – an Kolesničenko, in dem er die Notwendigkeit begründete, im „Lutherjahr 1946" (das 400. Todesjahr Luthers und erste große Lutherjubiläum nach dem fatalen „Deutschen Lutherjahr" 1933) von Land und Landeskirche gemeinsam veranstaltete interzonale „Luthertage" in Eisenach und auf der Wartburg abzuhalten. Dabei entwickelte er auch seinen Plan, diesen Anlass zu nutzen, um die Präsidenten der Länder aller vier Besatzungszonen zu einer interzonalen Konferenz einzuladen[56], gleichsam ein Vorläuferprojekt für das gesamtdeutsch konzipierte, dann aber nur bizonal durchgeführte Ministerpräsidententreffen in Bremen im Oktober 1946 und für die schon im Ansatz scheiternde gesamtdeutsche Ministerpräsidentenkonferenz in München vom Juni 1947. Erst dieser im SMATh-Bestand überlieferte Brief machte überhaupt auf Pauls – allerdings in dieser Form gescheiterte – Vorhaben aufmerksam, das sich dann aus Einzeldokumenten des Hauptstaatsarchivs Weimar und des Landeskirchenarchivs Eisenach rekonstruieren ließ.

Ein fünftes Beispiel: Am 10. September 1946 wurde der 3. Vizepräsident und Landesdirektor für Land- und Forstwirtschaft Hans Lukaschek (CDU) auf Befehl der Militäradministration seiner Ämter enthoben. Der Befehl ist in Lukascheks Personalakte in Weimar überliefert. Am gleichen Tag schrieb Kolesničenko einen – im SMATH-Bestand überlieferten – Brief über die Hin-

---

[54] Ein in diesem Zusammenhang bemerkenswertes Dokument ist das umfangreiche Protokoll der ganztätigen Beratung Kolesničenkos mit Professoren und Studierenden der Jenaer Universität über ihre Probleme am 16. 4. 1947; ThHStAW, MfV 3285, Bl. 67–93; auszugsweise abgedruckt in: Jürgen John (Hrsg.), „Stellt alles Trennende zurück!" Eine Quellenedition zum „Wartburgtreffen der Deutschen Studentenschaft Pfingsten 1948" in Eisenach, Stuttgart 2010, S. 101–106.
[55] GARF, fond 7184, op. 1, d. 14, Bl. 389–397.
[56] GARF, fond 7184, op.1, d. 15a, Bl. 260 f.

tergründe und über seine Einschätzung Lukascheks an SMAD-Chef Sokolovskij[57], der bislang unbekannte Aufschlüsse gibt. Ebenfalls im SMATH-Bestand überliefert sind Protokolle der Beratungen Lukascheks vom August 1946 über das landwirtschaftliche Bauprogramm, in denen er sich recht unverblümt über Fehler, Missstände und sowjetischen Druck äußerte. Der für die Bodenreformfragen zuständige 1. Vizepräsident Ernst Busse (KPD/SED) schickte diese Protokolle gleichsam als Anklage-Dossiers an Kolesničenko und machte den Verwaltungschef in einem Begleitbrief ausdrücklich auf die aus seiner Sicht besonders verfänglichen Äußerungen Lukascheks aufmerksam[58]. Anhand dieser Quellen lässt sich ein wichtiges Teilstück der Intrigen gegen Lukaschek rekonstruieren, was mit den deutschen Akten allein nicht möglich wäre.

Ein sechstes Beispiel: Seit Ende 1946 schwelte ein Dauerkonflikt zwischen der SED-Landesleitung und dem „bürgerlichen" Ministerpräsidenten Paul (der 1946 überraschend der SED beigetreten war). Der Konflikt eskalierte im Frühjahr 1947, führte zur Regierungskrise und zu wochenlanger Abwesenheit des Ministerpräsidenten. Die SED-Landesleitung glaubte schon, ihn los zu sein. Völlig überraschend wurde sie aber Ende April 1947 nach Berlin zitiert, wo sie die Mitteilung erhielt, Paul kehre auf Weisung der SMAD und des SED-Zentralsekretariats wieder in sein Amt zurück; zudem seien die beiden aus der KPD stammenden Minister Ernst Busse und Walter Wolf abzulösen. Dieser Vorgang ist aus den deutschen Akten in Weimar und im Bundesarchiv gut rekonstruierbar und mit dem auszugsweisen Abdruck eines Protokolls auch schon zum Teil dokumentiert[59]. Völlig unbekannt war aber bisher, dass Verwaltungschef Kolesničenko zur gleichen Zeit – und offenbar in Unkenntnis der Berliner Vorgänge – versuchte, auf eigene Faust die Thüringer Regierungskrise durch eine Regierungsumbildung zu lösen[60].

Die Beispiele machen deutlich: Ohne Einsicht in die relevanten Akten des SMA-Bestands, soweit sie zugänglich sind, muss landesgeschichtliche Forschung zum politisch-administrativen Handeln der Nachkriegszeit heute als fahrlässig bezeichnet werden.

---

[57] GARF, fond 7184, op. 1, d. 13, Bl. 278.
[58] GARF, fond 7184, op. 1, d. 15a, Bl. 77, 257–258v, 275–276v.
[59] Vgl. Günter Braun, „Regierungsangelegenheiten" in Thüringen im Spannungsfeld von sowjetischer Deutschlandpolitik und SED-Kalkülen 1947, in: BZG 34 (1992) H. 3, S. 67–91.
[60] GARF, fond 7184, op. 1, d.19, Bl. 151–154, 178 f.

Elke Scherstjanoi
Besatzungsherrschaft als soziale Praxis
Quellen für sozial- und kulturgeschichtliche Zugänge im SMAD-Bestand

1. Ein Forschungsdefizit

SMAD-Akten sind in der maßgeblich am IfZ konzentrierten und von der russisch-deutschen Kommission geförderten Forschung[1] der letzten zwei Jahrzehnte vor allem für Aussagen zu Aufbau und Wirkungsweise der Besatzungsbehörde genutzt worden. Die Ergebnisse gingen und gehen in ein komplexes Bild von den sowjetischen Interessen und Aktivitäten in Deutschland nach 1945 ein, das gleichwohl heftig umstritten bleibt und daher fortgesetzt Fragen zu Strukturen, Mechanismen und Instrumenten der Besatzungsherrschaft aufwirft. Doch stellt eine zeitgemäße Forschung außer struktur- und politikgeschichtlichen auch andere Fragen. Einblicke in die archivalische Überlieferung im Staatsarchiv der Russischen Föderation beziehungsweise in den vom Bundesarchiv erworbenen Kopienbestand lassen erkennen, dass neben direkten oder verdeckten politischen Zielen und gestalterischen Absichten der östlichen Siegermacht auf zentraler und regionaler Ebene, außer strategischen Interessen und taktischen Plänen, Koordinierungs- und Entscheidungsprozessen, institutionellen Vorgehensweisen und internen oder intrabehördlichen Konflikten, anderes erfragt werden kann: Wie agierten die Besatzer, welche Erfahrungen machten sie? In Anlehnung an Alf Lüdtke[2] könnte auch Besatzungsherrschaft als soziale Praxis verstanden werden, deren Träger biografisch oder historisch-anthropologisch ergründet werden sollten.

Dass der sozial- und kulturgeschichtliche Zugang zur SMAD bislang noch kaum zum Tragen kam, hat zum einen arbeitstechnische Ursachen. Eine Kombination aus detailliertem ostdeutsch-zeitgeschichtlichem Vorwissen, Kenntnis innersowjetischer Zusammenhänge und Sprachkenntnis wäre eine spezielle Voraussetzung für die Arbeit an den Akten. Zugleich müssten aber, die kulturwissenschaftlichen Einflüsse auf die Zeitgeschichtsforschung nutzend, Fragen formuliert werden, die quellenadäquat sind und die

---

[1] Vgl. den Beitrag von Jan Foitzik in diesem Band.
[2] Vgl. Alf Lüdtke (Hrsg.), Herrschaft als soziale Praxis. Historische und sozialanthropologische Studien, Göttingen 1991.

Schwierigkeit einer mehrfach lückenhaften Aktenlage berücksichtigen. Wie ergiebig der kulturwissenschaftliche Ansatz für die Geschichte der SMAD und der Besatzer sein könnte, ist indes noch nicht einmal richtig ausgelotet worden[3]. Die Zukunft wird zeigen müssen, inwieweit es gelingt, einerseits soziale Parameter, andererseits diverse Verhaltensmuster, Alltag, Mentalität, Kommunikation, Selbstbestimmungs- und Identifizierungsprozesse unter den Besatzern sowie zwischen Besatzern und Besetzten zu erschließen und in Kontexte zu fassen.

2. Sowjetische Akteure

Wenn im Folgenden einige Gedanken zur sozial- und kulturgeschichtlichen Nutzung der SMAD-Akten im Bundesarchiv präsentiert werden, ist zuerst klarzustellen: Diese Nutzung zielt nicht auf die Erschließung und Interpretation besatzungsbehördlich fixierter Daten zur Lebenslage der *Besetzten*. Für eine Sozialgeschichte der deutschen Nachkriegsgesellschaft oder auch für kulturwissenschaftliche Fragen an sie sind die sowjetischen Akten nicht unbedingt und eher im Ausnahmefall die besseren Quellen. Zwar wird wie in der Politikgeschichte auch bei sozial- und kulturgeschichtlicher Empirie häufig vorausgesetzt, die Machthaber hätten auch über die besseren Informationen verfügt und daher die zuverlässigeren Quellen produziert. Und die deutsche Bürokratie der ersten Nachkriegsjahre hat ja, unter anderem infolge des partiellen Eliteaustausches nach 1945, auch tatsächlich weniger beschriebenes Papier hinterlassen als politische und administrative Einrichtungen davor und danach. Aber deutsche Quellen zur SBZ liefern alles in allem nicht weniger zuverlässige, und in vielen Einzelfragen sogar genauere Aussagen zu den realen Wirtschaftsvorgängen und Lebensbedingungen in der Zone und ihren Ländern, was natürlich auch einmal einer vergleichenden Betrachtung unterzogen werden müsste. Beispielsweise stellt sich immer

---

[3] Ein kulturwissenschaftlicher Ansatz ist zwar bereits angedacht und verkündet worden. Doch Quellen aus dem SMAD-Bestand oder andere Archivalien sowjetischer Provenienz fanden so gut wie keine Verwendung – weder bei der Konzeptualisierung noch bei der empirischen Arbeit. Vgl. die Arbeiten von: Silke Satjukow, Besatzer. „Die Russen" in Deutschland 1945–1994, Göttingen 2008, und „Die Russen" in Deutschland, Erfurt 2009. Einer eingeschränkten Problematisierung folgte auch die österreichische Forschung, die die Analyse der Besatzererfahrungen vornehmlich am Fokus der Besetzten ausrichtete. Vgl. Barbara Stelzl-Marx, Stalins Soldaten in Österreich. Die Innenansicht der sowjetischen Besatzung 1945–1955, Wien 2012. Beide Historikerinnen räumten Interviews großen Raum ein, ohne deren Grenzen hinreichend zu berücksichtigen.

wieder die Frage, wer seinerzeit mit welchen Zahlen operierte. Häufig sind auch die politischen Vorgänge auf der unteren Ebene in den deutschen Akten ausführlicher und treffender beschrieben, was auch nicht verwundert, waren doch deutsche Zustände und Gepflogenheiten den Besatzern zunächst sehr fremd. Demgegenüber wurden viele Verwaltungsvorgänge auf deutscher Seite recht kontinuierlich fortgesetzt und fortgeschrieben. Sowjetisch produzierte, autonome Einschätzungen (ost)deutscher Zustände, quasi durch die Brille der fremden bürokratischen Erfahrung betrachtet, reflektieren dagegen häufig gerade Unvertrautheit und Unwissenheit, vor allem in den ersten Besatzungsmonaten. Zunehmend gewannen bei den Besatzern dann Argwohn und überzogene politische Urteile an Bedeutung, ein Phänomen, das wir als Folge und Bestandteil des beginnenden Kalten Kriegs verstehen. Für eine Arbeit am SMAD-Bestand ergibt sich daher die Notwendigkeit, das interne SMAD-bürokratische Zusammenspiel als das einer fremden Herrschaft zu begreifen. Ihre Analysen der *deutschen* Zustände entstanden zweckbestimmt wie in jeder Bürokratie[4]; hier jedoch kamen spezifische Kommunikationsprobleme hinzu.

Aber wie auch immer, der Blick sei eben nicht auf die deutsche Gesellschaft gerichtet, sondern auf die zeitlich begrenzt gedachte, dienstlich begründete Gemeinschaft sowjetischer Machthaber auf fremdem (deutschem) Territorium. Wer sie in den Blick nimmt, fragt damit eher nach den Produzenten der Akten und – über die Binnenbetrachtungen der Behörde – nach allen Akteuren der Umsetzung von Besatzungspolitik. Mit einem auf Massenerfahrung und Massenverhalten ausgerichteten Blick gelangt zugleich nicht die Behördenelite als Teil der politischen Elite, sondern das behördliche Fußvolk in den Fokus, Besatzungsvertreter in unteren Diensträngen, Offiziere, Unteroffiziere und die ihnen unterstellten Wach-, Schutz- und Dienstleistungskräfte.

In SMAD, SMA und Kommandanturen waren zwischen 1945 und 1949 schätzungsweise insgesamt 70.000 bis 80.000 vormalige Rotarmisten im Einsatz (die Einheiten der regulären Besatzungstruppen in den Garnisonen nicht mitgerechnet). Das waren Menschen mit unterschiedlicher Vorprägung und Kriegserfahrung, Menschen, die in komplexe, andauernde und rasch wechselnde Extremsituationen gestellt waren, bevor sie den Krieg

---

[4] Eine Quellenveröffentlichung zeigte jüngst, dass fortgesetzt die Gefahr besteht und dass die Faszination „sowjetischer Geheimquellen" immer wieder dazu verleitet, diese Binsenweisheit zu ignorieren. Vgl. Gerhard Wettig (Hrsg.), Der Tjul'panov-Bericht. Sowjetische Besatzungspolitik in Deutschland nach dem Zweiten Weltkrieg, Göttingen 2012.

auf deutschem Boden beendeten. Die meisten Besatzer waren zuvor Frontsoldaten mit unterschiedlich langer Dienstzeit von einigen Monaten bis zu vier und mehr Jahren (ohne Urlaub), Männer mit unterschiedlich tiefen Traumata, mit und ohne längere Erfahrung auf vom Gegner besetztem Heimatgebiet, einige mit Erlebnissen der Kriegsgefangenschaft, einige mit Erlebnissen als Ostarbeiter, einige als „erfahrene", andere als eher „unerfahrene" Sowjetbürger (etwa aus dem Baltikum und der Westukraine). Sie waren höchst unterschiedlich ausgebildet, besaßen einen Vier-Klassen-Grundschulabschluss, Mittelschulabschluss oder zivile Berufsabschlüsse oder sie hatten eine unterbrochene oder volle akademische Ausbildung, oft auch eine höhere militärische (Zusatz)Ausbildung bis hin zur Militärakademie absolviert. Die meisten kamen aus ländlichen Gebieten, viele waren rudimentär-religiös, unter ihnen gab es Muslime und Buddhisten. Die interne Statistik weist die übergroße Mehrheit mit russischer Nationalität aus. Junge Kriegsteilnehmer machten also das Gros der sowjetischen Besatzer aus. Daher sind Studien zu Stimmungen und Verhaltensweisen in der Roten Armee während der letzten Kriegsphase durchaus zu berücksichtigen[5].

Die SMAD betrieb mit ihren Filialen in den Kreisen und Gemeinden, also mit den Kommandanturen, fortwährend einen immensen organisa-

---

[5] Vgl. Elke Scherstjanoi (Hrsg.), Rotarmisten schreiben aus Deutschland. Briefe von der Front (1945) und historische Analysen, München 2004. Die Forschungen in Russland dazu sind gering. Den vielbeachteten feuilletonistischen Versuchen der Ukrainerin Svetlana A. Aleksievič (Der Krieg hat kein weibliches Gesicht, Berlin 1987), die in den 1970er Jahren weibliche Soldaten befragt hatte, folgten kaum größere Studien. Umstrittene Beiträge zur historisierenden Kriegspsychologie veröffentlichte Elena S. Senjavskaja: 1941–1945. Frontovoe Pokolenie [1941–1945. Die Frontgeneration], Moskau 1995, und Protivniki Rossii v vojnach 20 veka. Evoljucija „obraza vraga" v soznanii armii i obščestva [Die Gegner Russlands in den Kriegen des 20. Jahrhunderts. Die Evolution des „Feindbilds" im Bewusstsein der Armee und der Gesellschaft], Moskau 2006. Einige veröffentlichte Dokumente belegten Vergehen an Zivilisten, vereinzelt kamen Analysen sowjetischer Spezialdienste zum Vorschein. Oleg Vital'evic Budnicki und Susan Rupp boten Material und Betrachtungen an, die jedoch auf Haltungen unter gebildeten jüdischen Rotarmisten konzentriert waren: The Intelligentsia Meets the Enemy: Educated Soviet Officers in Defeated Germany, 1945, in: Kritika. Explorations in Russian and Eurasian 10 (2009), S. 629–682. Vor Jahren fand der Amerikaner Norman M. Naimark (Die Russen in Deutschland. Die sowjetische Besatzungszone 1945 bis 1949, Berlin 1997) verdientermaßen viel Anerkennung, wogegen die Deutungen des britischen Militärhistorikers Antony Beevor (Berlin 1945. Das Ende, München 2002) eher nicht innovativ waren. Die Londoner Professorin Catherine Merridale (Iwans Krieg. Die Rote Armee 1939 bis 1945, Frankfurt a. M. 2006) stellte wenig später ihren Versuch vor, das Soldatendasein in der Roten Armee soziologisch und kulturhistorisch zu erkunden. Die meisten dieser Verhaltensanalysen kreisen um Gewalt und Sexualvergehen an Zivilisten.

torischen und politischen Aufwand, um die Besatzungsbehörde in ihrer Struktur, ihrer fachlichen Personalausstattung und internen politischen Absicherung effektiv zu machen. Für die Sowjetunion, die nie Kolonien im fernen Ausland besessen hatte und die als Großmacht weit von der Idee einer entsprechenden Kaderschulung entfernt war, schlug sich hier ein eklatanter Mangel an Erfahrung nieder, der sich etwa im gewaltigen Umfang der Besatzungsverwaltung oder in der nicht hinterfragten Verwendung von Soldaten aus kämpfenden Truppenteilen zeigte. Die Unsicherheiten bezüglich der Tragfähigkeit der Anti-Hitler-Koalition und der Besatzungsdauer mögen die Personal- und Strukturentscheidungen zusätzlich erschwert haben. Die Zentrale in Berlin beobachtete daher fortwährend die eigenen Akteure und ihre soziale Befindlichkeit, ihre Alltagsstimmung, ihre politische Haltung und Dienstbeflissenheit. Sie ließ sich über Dienstvergehen und Konflikte mit den Deutschen unentwegt berichten und mahnte ausführliche Meldungen an. Dazu nutzte sie als militärische Institution militärische Kommunikationsformen und Kontrollmechanismen und – selbstredend – Instanzen des sowjetischen parteipolitischen Netzwerks von KPdSU (B) und Komsomol. Weil sie diesen gewaltigen Aufwand als schriftliche Hinterlassenschaft archivierte, liegen heute Tausende von Akten vor, von denen ein Teil nun wissenschaftlich genutzt werden kann[6].

3. Besatzungsherrschaft – ein multiples soziales Verhältnis

Eine Betrachtung sozial- und alltagsgeschichtlichen Zuschnitts baut auf Daten zu den Lebens-, Dienst- und Arbeitsverhältnissen auf, hier also auf Angaben zu den Soldaten und Offizieren der SMAD und der Kommandanturen. Dafür sollten Angaben zu möglichst vielen Individualbefindlichkeiten und Subjektivierungsprozessen, zumindest aber Sammeldaten zu mehreren größeren Gruppen in Beziehung zueinander gesetzt werden können. Außerdem thematisiert eine solche Innenansicht der Besatzungsbehörden das Selbstverständnis der sowjetischen Sieger und ihr Bild von den besiegten Deutschen, fragt nach konkreten Vorstellungen von der eigenen Funktion als Subjekt. Zu beginnen wäre mit einfachen Beschreibungen: Wie verlief die alltägliche Arbeit der Besatzer? Forderte der Dienst die Besatzer zu speziellen mentalen Anstrengungen heraus? Zu fragen wäre auch, welche soziokulturelle Befindlichkeit die politischen Gestaltungsprobleme der Siegermacht zu lösen half oder negativ beeinträchtigte.

---

[6] Vgl. die Beiträge von Oxana Kosenko sowie von Kerstin Risse und Kerstin Weller in diesem Band.

Herrschaft als soziales Verhältnis zu verstehen, als ein sozial determiniertes und politisch/rechtlich abgesichertes Verhältnis, das eine konkrete Machtgestaltung ermöglicht und durch sie existent bleibt, erleichtert den Zugang zur Innenansicht der Behörden. Wichtig ist dabei zu verstehen, dass dieses Verhältnis verschiedene Facetten hatte. Für Besatzungsherrschaft muss demnach gelten: Sie umfasste sozial determinierte, politisch/rechtlich geformte Verhältnisse a) zwischen Besatzern und Besetzten generell, und b) zwischen den verschiedenen Besatzergruppen und zwischen einzelnen Personen im Besatzungsapparat. Ein wichtiges, wenngleich nicht unbedingt bewusst gewordenes Kriterium war die Haltung zum Auftrag der Besatzung. Diese Haltung baute in ihrer individuellen Dimension nicht selten auf unterschiedlichen Wahrnehmungen der Besetzten auf und unterlag individuellen Lernprozessen. Das alles zusammen machte Besatzungsherrschaft zu einem sehr komplexen Verhältnis: Es besitzt einen direkten Machtbezug, trägt soziales und kulturelles Handeln unterschiedlich kompetenter Akteure und impliziert zugleich das kulturelle Problem: das Eigene – das Fremde. Diese Verhältnisse aus der Perspektive der Besatzer zu untersuchen und zugleich aus anderer Perspektive zu hinterfragen, wäre eine in der Forschung neue Herangehensweise. In der russischen Historiografie gibt es bislang nichts dergleichen, und für die westlichen Besatzer ist ein solcher Fokus auch noch nicht vorgestellt worden.

Eine Erforschung vielfältig dimensionierten Besatzerverhaltens und unterschiedlicher Besatzer-Selbstbilder scheint in mehreren Ansätzen denkbar, sinnvoll und aussichtsreich. Hier bietet sich, erstens, ein bürokratiegeschichtlicher Ansatz an – verstanden nicht primär als strukturgeschichtlicher, sondern als behördensoziologischer Zugriff. Im Mittelpunkt einer solchen Untersuchung stünden soziale Parameter der „einfachen Besatzer", die sie als positive oder negative Qualifikation für ihre Aufgaben mitbrachten. Aus Sicht ihrer Vorgesetzten und aus heutiger Sicht könnte nach *der Rationalität und Effektivität des dienstlichen Tuns* der Akteure gefragt werden und danach, ob ihnen beides bewusst war. Spezifische Herausforderungen und Rekrutierungsmechanismen im Blick, wäre nach der Diensterfahrung in den Besatzungsbehörden zu fragen. Wieviel eigenständiges Entscheiden war nötig und möglich, welchen Handlungsspielraum billigte die Spitze den lokalen Vertretern zu und wie bewährten sie sich? Hier werden Individualisierungs- und Subjektivierungsprozesse also im engen Zusammenhang mit der Geschichte der Behörde selbst gesehen. Schließlich bietet sich an, nach der Wechselwirkung von „großer" Interessenpolitik und Behördenhandeln oder Akteurshandeln zu fragen: Was wurde „oben" als akzeptabel und zweckmäßig angesehen, was wurde kritisiert, weil es sowjetische Interessen verletzte? Was bestimmte politische Entscheidungen?

Für all das stehen Quellen zur Verfügung, die aus anderen modernen Verwaltungen bekannt sind: Anordnungen und Befehle, Dienstvorschriften, Dienstpläne, Berichte über Dienstabläufe, Sondermeldungen, Personalverzeichnisse, interne Einschätzungen zu Akteuren und Akteursgruppen, Personalakten, Strukturschaubilder, Umbau- und Abwicklungsunterlagen. Hinzu kommen die für eine Behörde im Staatssozialismus obligatorischen Komsomol- und Parteiakten, die den politischen Willen von „oben" und Probleme der Umsetzung spiegeln.

Ein zweiter Ansatz könnte darin bestehen, objektive politische Siegermachtinteressen und subjektive individuelle Besatzererlebnisse nebeneinander zu stellen. Entnazifizierung, Entwaffnung, Demonopolisierung und Wiedergutmachung materieller Schäden sowie die sicherheitspolitische Prämisse des Schutzes vor einer erneuten deutschen Aggression als zentrale sowjetische Interessen zum Ausgangspunkt nehmend, könnte man die Geschichte der SMAD hypothetisch als persönlich erlebte Befriedungs- und Machtwechselgeschichte skizzieren. Aber war sie das wirklich? Ein solcher Zugang fragt nach dem Befriedungspotenzial der Besatzer (und dem der Besetzten), nach der Identifizierung der Besatzerindividuen etwa mit dem Herrschaftsauftrag „Frieden". Er fragt auch nach anderen, die Großmachtinteressen transportierenden Aufträgen sowie nach Konflikten, ihren sozialen und kulturellen Hintergründen und Konfliktlösungen. Wie standen einzelne Besatzer zur Versorgungspolitik gegenüber den Deutschen, wie schätzten sie den Umgang mit aktiven und passiven NSDAP-Mitgliedern ein, wen sahen sie als Schuldige an, wen meinten sie bestrafen zu müssen, wen als Mitläufer eher entlasten zu können? Wie liefen die internen Verständigungen dazu ab? Sahen sie sich als Sieger in einer verpflichtenden Befriedungsmission? Lebten sie individuell bewusst die Siegerrolle und worin sahen sie ihre Rechte und Pflichten? Für solche Identifizierungsprozesse stehen interne Stimmungsberichte zur Verfügung, allerdings nicht in einer Aktenordnung, die unserem Fokus genügt, und nicht auf den Punkt gebracht, so wie es die Fragestellung erforderte. Wir haben es zum einen eher mit Negativspuren zu tun: Zeugnissen, die belegen, dass einzelne Besatzer bestimmten Anforderungen *nicht* genügten, ihre Rolle angeblich nicht richtig sahen, ihre Aufgaben in den Augen der Vorgesetzten nicht gut ausführten. Zum anderen stehen politische Maßgaben zur Verfügung, deren Verkündung oft mit der Beschreibung kritikwürdiger Zustände gekoppelt war, die – mit gebotener Vorsicht – auf die Realität schließen lassen. Statistiken und Beschreibungen zu besonderen Vorfällen in den Kommandanturen sind im zugänglichen SMAD-Archiv genauso wenig gebündelt wie Militär- und Ehrengerichtsurteile bei Dienstvergehen. Zusammenfassende Einschätzungen für einzelne Zeitabschnitte scheinen eher die Ausnahme. Besondere Vorsicht ist geboten, wenn intern behördliche Verdienste aufgelistet wurden. Die ab 1948 amtlich angeforderten Geschichten der eigenen Abteilung oder Kommandantur von 1945 an waren als Erfolgsgeschichten angelegt, sie geben brauchbare Hinweise auf die Chronologie der strukturellen Veränderungen, deuten interne Probleme aber bestenfalls an.

Drittens spürt ein alltagsgeschichtlicher Ansatz privaten Lebensumständen nach. Dabei wäre nach bikultureller Erfahrung speziell der Sieger in der eben noch feindlichen, jetzt zumindest friedlichen Fremde zu fragen. Dienstrelevante Besonderheiten in Familienleben und Freizeit wären umfänglich zu erkunden: Was hieß es, mit der Familie in Deutschland zu leben? Brachte die Fremde Erleichterungen im Alltag oder eher Erschwernisse? Wo und wie entstanden Freundschaften, Liebschaften, Geschäftsbeziehungen zu den Besetzten? Der alltagsgeschichtliche Ansatz ermöglicht es schließlich auch, nach dem Platz der Erlebnisse in den Lebenserinnerungen zu fragen. Quellen dafür sind behördliche Einschätzungen des Dienstalltags, aber auch Eingaben einzelner Behördenmitarbeiter an die Vorgesetzten oder Briefe aus der Postzensur, denen spätere Narration in Interviews und schriftlichen Erinnerungen gegenüber zu stellen sind.

4. Grenzen der Archivquellen

Von den Grenzen der Quellen im zugänglichen SMAD-Bestand war schon die Rede. Wir stoßen auf Erkenntnisschranken, die im Charakter der Überlieferung angelegt sind. Grundsätzliche Überlegungen sollen abschließend noch einmal die Schwierigkeiten für das hier skizzierte Vorhaben der sozial- und kulturgeschichtlichen Deutung aufzeigen. Neben der Tatsache, dass der Forschung die Akten der einzelnen Kommandanturen vorenthalten bleiben und die Aktivitäten dieser SMAD-Filialen lediglich aus der Aktensammlung der Kommandantur-Verwaltungen greifbar sind (das heißt nur aus dem, was von übergeordneten Stellen gesammelt und archiviert wurde), muss die Forschung einige Besonderheiten der Datenproduktion in Rechnung stellen.

Der innerbehördlichen Statistik ist grundsätzlich eher nicht zu trauen. Zahlreichen Hinweisen kann man entnehmen, dass seinerzeit im Detail unzuverlässig berichtet wurde. Häufig findet sich das bestätigt, wenn der Forscher selbst die dargebotenen Zahlen prüft und nachrechnet. Es verdichtet sich der Eindruck, dass insbesondere in den Anfängen der Behörde geschlampt und die Berichterstattung sehr lässig gehandhabt wurde. Die Akten enthalten des weiteren Hinweise auf gezielte Berichtsverweigerung, wenn der Bericht missliche Folgen für die Berichterstatter haben konnte. Das bedeutet, dass sich der Forscher lediglich einiger politisch relevant gewordener Zahlen bedienen kann, also solcher Zahlen, die an der Behördenspitze tatsächlich zum Ausgangspunkt von Entscheidungen wurden. Sie erhellen den Entscheidungsvorgang, nicht unbedingt die soziale Realität. Leider sind aber auch solche quantitativen Aussagen oft gesperrt (etwa zum Umfang der Desertionen). Daneben sind nur mehrfach belegte Zahlen oder grobe Rundungen nutzbar.

Viele der frühen Befunde eignen sich außerdem kaum für Vergleiche zwischen den Gemeinden und Regionen, da die erst allmählich eingeführten Berichtsformulare sehr unterschiedlich gehandhabt wurden. Vermutlich schlagen sich auch hier die Nachteile einer ungeübten Bürokratie nieder[7]. Schließlich sind die Überlieferungen der sechs SMA auf Landesebene in ihrer Struktur nicht einheitlich. Die Teilbestände sind unterschiedlich strukturiert und proportioniert sowie in ihren Aussagen nicht gleichmäßig dicht, obgleich die Landes-Besatzungsbehörden seinerzeit gleichartig aufgebaut waren. Das macht Vergleiche zusätzlich schwer. Außerhalb von Binneneinschätzungen an der Behördenspitze eignen sich die zugänglichen Dokumente daher oft nur für Tendenzbefunde oder zur Illustration anderweitig sicher ermittelter Sachverhalte. Dies tun sie zwar so aufschlussreich und bunt, dass auf sie keinesfalls verzichtet werden sollte. Doch für einigermaßen sichere Verallgemeinerungen sind in vielen Fällen unbedingt Quellen anderer Provenienz zurate zu ziehen, zum Beispiel deutsche Quellen. Ein methodischer Ausweg wäre, streng bei der behördlichen Binnensicht zu bleiben, was aber deutlich kenntlich gemacht werden müsste.

Ein anderer quellenkritisch relevanter Umstand ist die Tatsache, dass das GARF sogar innerhalb der einzelnen frei zugänglichen Akten nicht alles einzusehen erlaubt. Die Kopien enthalten Schwärzungen. Die Blätter einiger Aktenmappen sind in Moskau teilweise zusammengeheftet, bei der Verfilmung für das Bundesarchiv wurden diese Seiten ausgelassen. Häufig sind die Beweggründe nur zu ahnen; es handelt sich allem Anschein nach um

---

[7] Wir wissen insgesamt so wenig über Umfang, Struktur und Bestandsgeschichte der unzugänglichen Aktenbestände, dass nicht ausgeschlossen werden kann, dass die auffallende Ungleichheit in der Überlieferung, wie wir sie heute in den GARF-Beständen vorfinden, Ergebnis archivarischer Eingriffe ist.

Akten zur Verfolgung von Dienstvergehen einschließlich Desertion und zur Behandlung von Enteignungs- und Reparationsfragen.

Alles in allem sind Schwärzungen und Sperrungen aber nicht das Hauptproblem einer kultur- und alltagsgeschichtlich ausgerichteten Forschung zu den Besatzern. Viel wichtiger scheinen mir zum gegenwärtigen Zeitpunkt die Klärung methodischer Probleme und die kollegiale Debatte darüber, was angesichts beschränkter Aktenzugänge möglich und wichtig ist. Die Aussagekraft der Akten im Hinblick auf die Beantwortung historisch-kulturanthropologischer Fragen an die SMAD ist im Moment noch nicht zu bestimmen. Heute kann erst einmal nur von der Faszination gesprochen werden, die von Berichten, internen Statistiken und Analysen zu den Mitarbeitern ausgeht. Sie eröffnen einen Blick in den Alltag und die Befindlichkeit, wie er bislang fehlte, und sie verheißen wichtige Ergänzungen unseres Bilds von den Siegern.

Enrico Heitzer
Speziallagerforschung und Gedenkstättenarbeit seit 1990[1]

1. Der Stand der Forschung

Auf dem Gebiet der SBZ und der DDR befanden sich zwischen 1945 und 1950 zehn sogenannte sowjetische Speziallager. In diesen Internierungs- und Haftanstalten wurden insgesamt etwa 158.000 Gefangene der Siegermacht festgehalten; knapp 44.000 Menschen überlebten die unmenschlichen Bedingungen nicht. Wie die westlichen Alliierten, die Masseninternierungen in vergleichbaren Größenordnungen vornahmen, nutzte die sowjetische Besatzungsmacht vorwiegend ehemalige Kriegsgefangenenlager, aber auch Teile nationalsozialistischer Konzentrationslager. Sie nummerierte die Lager intern: Nr. 1 Mühlberg, Nr. 2 Buchenwald, Nr. 3 Berlin-Hohenschönhausen, Nr. 4 (ab August 1948: Nr. 3) Bautzen, Nr. 5 Ketschendorf, Nr. 6 Jamlitz, Nr. 7 Weesow bei Werneuchen, ab August 1945: Sachsenhausen/Oranienburg (ab August 1948: Nr. 1), Nr. 8 Torgau/Seydlitz-Kaserne, Nr. 9 Fünfeichen und Nr. 10 Torgau/Fort Zinna.

Vor allem in den 1940er und 1950er Jahren waren die sowjetischen Speziallager Thema einer vorrangig politisch motivierten Polemik in der scharfen Systemkonkurrenz des Kalten Kriegs. Seit den 1960er Jahren gerieten sie nicht zuletzt im Zuge der einsetzenden Entspannungspolitik zunehmend in Vergessenheit[2]. Von dieser Entwicklung ist auch die Fachwissenschaft beeinflusst worden. Im Kontext einer sich langsam entwickelnden Forschung zu den nationalsozialistischen Verbrechen verloren die bis dahin vor allem unter dem politischen Kampfbegriff „sowjetische", „russische" oder „rote Konzentrationslager" behandelten Speziallager als Thema fast jede Relevanz, was auch daran lag, dass neben den sowjetischen auch wichtige westdeut-

---

[1] Der Text greift auf Vorarbeiten zu einem Forschungsantrag zurück, der 2008 am ZZF, an der Friedrich-Schiller-Universität Jena, an der Stiftung Gedenkstätten Buchenwald und Mittelbau-Dora und an der Stiftung Brandenburgische Gedenkstätten maßgeblich von Wolfram von Scheliha erarbeitet wurde.
[2] Vgl. Petra Haustein u. a. (Hrsg.), Instrumentalisierung, Verdrängung, Aufarbeitung. Die sowjetischen Speziallager in der gesellschaftlichen Wahrnehmung 1945 bis heute, Göttingen 2006; Andrew H. Beattie, „Sowjetische KZs auf deutschem Boden". Die sowjetischen Speziallager und der bundesdeutsche Antikommunismus, in: Jahrbuch für Historische Kommunismusforschung 2011, S. 119–137.

sche Quellenbestände, etwa die Akten der Kampfgruppe gegen Unmenschlichkeit oder das Schriftgut der Ostbüros von Parteien und Gewerkschaften nicht zugänglich waren[3].

Die sowjetischen Speziallager werden erst seit Beginn der 1990er Jahre systematisch wissenschaftlich erforscht. Von besonderer Bedeutung war dabei die Öffnung mehrerer Massengräber mit Toten diverser Speziallager im Frühjahr 1990, die nicht nur schmerzhaft an die Vergangenheit erinnerte, sondern auch mit der aufbrechenden öffentlichen Debatte über die Untaten des kollabierten Systems im Osten Deutschlands zusammenfiel. Der Bedarf an Grundlagenforschung war unübersehbar. Vornehmlich betroffen waren die Gedenkstätten Sachsenhausen und Buchenwald, deren vielschichtige Vergangenheit vor allem von Verfechtern einer banalisierten Totalitarismustheorie für einen oft genug in gleichsetzender Absicht vorgenommenen Vergleich zwischen der SBZ/DDR und dem Dritten Reich instrumentalisiert wurde. Die Gedenkstätten standen vor schwierigen Aufgaben. Sie mussten sich sowohl bei der Darstellung der Geschichte des Konzentrationslagers von den ideologischen Prägungen der DDR-Zeit emanzipieren als auch die Geschichte der sowjetischen Nachkriegslager adäquat berücksichtigen. Dabei galt es, alles zu vermeiden, was den Anschein hervorrufen könnte, die einzigartigen Verbrechen der NS-Zeit sollten durch die stalinistischen Verbrechen relativiert oder die stalinistischen Verbrechen mit Hinweisen auf die NS-Verbrechen bagatellisiert werden. Die zuständigen Landesregierungen beriefen Kommissionen, deren Empfehlungen zur Neugestaltung der Gedenkstätten zu entscheidenden Wegmarken der Speziallagerforschung wurden. Starke Impulse gingen auch von den beiden Enquete-Kommissionen des Bundestags aus, die sich zwischen 1992 und 1998 mit der Aufarbeitung der DDR-Geschichte befassten.

Im selben Zeitraum führten das Staatsarchiv der Russischen Föderation, das Historische Institut der Universität Jena, das Institut für Geschichte und Biographie der Fernuniversität Hagen unter Beteiligung der Stiftung Gedenkstätten Buchenwald und Mittelbau-Dora sowie der Stiftung Brandenburgische Gedenkstätten ein kooperatives Forschungs- und Aktenerschließungsprojekt durch[4]; 1998 und 2001 präsentierten sie erste Ergebnisse[5].

---

[3] Vgl. Wolfgang Buschfort, Parteien im Kalten Krieg. Die Ostbüros von SPD, CDU und FDP, Berlin 2000; Enrico Heitzer, Die Kampfgruppe gegen Unmenschlichkeit (KgU): Widerstand und Spionage im Kalten Krieg 1948–1959, Köln u. a. 2015.
[4] Vgl. den Beitrag von Alexander von Plato in diesem Band.
[5] Vgl. Sergej Vladimirovič Mironenko/Lutz Niethammer/Alexander von Plato (Hrsg.), Sowjetische Speziallager in Deutschland 1945 bis 1950, Bd. 1: Studien und Berichte, Bd. 2: Sowjetische Dokumente zur Lagerpolitik, Berlin 1998; Sergej Vladi-

Basierend auf dem nun der Forschung zugänglichen Quellenkorpus entstanden in der Folge weitere Untersuchungen und monografische Darstellungen zu fast jedem der zehn Speziallager auf heutigem deutschen Territorium, aber auch zu jenem kurzlebigen in Landsberg an der Warthe (Gorzów Wielkopolski, Mai 1945 bis Januar 1946)[6]. Zuletzt erschien 2013 Natalja Jeskes Arbeit über das Speziallager Fünfeichen[7].

Parallel wurden Untersuchungen zu Spezialthemen verfasst, etwa Arbeiten zu Kindern und Jugendlichen[8], die eine kleine, aber in den Debatten um die historische Einordnung der Speziallager überproportional präsente Gruppe der Häftlingsgesellschaft bilden, über die medizinische Versorgung[9] sowie über Kunst und Kultur[10]. Inzwischen ebenfalls gut dokumentiert und erforscht ist der Alltag, wozu beispielsweise die an Oral-History-Methoden geschulte Arbeit von Eva Ochs wesentlich beigetragen hat[11].

Seit 1990 sind zudem etwa 100 Erinnerungen aus der Haft publiziert und mindestens ebenso viele nicht veröffentlichte autobiografische Texte an die Archive der Gedenkstätten oder Opferverbände übergeben worden. Vor 1990 sollen lediglich 17 Berichte veröffentlicht worden sein. Zu bemerken ist hierbei, dass sich nach so langer Zeit fast ausschließlich ehemalige Inhaf-

mirovič Mironenko (Red.), Special'nye lagerja NKVD/MVD SSSR v Germanii 1945–1950 gg.: sbornik dokumentov i statej [Speziallager des NKWD/MWD der UdSSR in Deutschland 1945–1949: Dokumente und Artikel], in: Archiv novejšej istorii Rossii: Serija Publikacii [Archiv der neuesten Geschichte Russlands. Reihe „Publikationen"], Teil 2, Moskau 2001.

[6] Vgl. Bodo Ritscher, Spezlager Nr. 2 Buchenwald. Zur Geschichte des Lagers Buchenwald 1945 bis 1950, Weimar-Buchenwald ²1995; Jörg Morré, Speziallager des NKWD: Sowjetische Internierungslager in Brandenburg 1945–1950, Potsdam 1997; Andreas Weigelt, „Umschulungslager existieren nicht". Zur Geschichte des sowjetischen Speziallagers Nr. 6 in Jamlitz 1945–1947, Potsdam 2001; Holm Kirsten, Das sowjetische Speziallager Nr. 4 Landsberg/Warthe, Göttingen 2005.

[7] Vgl. Natalja Jeske, Lager in Neubrandenburg-Fünfeichen 1939–1948: Kriegsgefangenenlager der Wehrmacht, Repatriierungslager, Sowjetisches Speziallager, Schwerin 2013.

[8] Vgl. Alexander Latotzky, Kindheit hinter Stacheldraht: Mütter mit Kindern in sowjetischen Speziallagern und DDR-Haft, Leipzig 2001; Tina Kwiatkowski, Nach Buchenwald. Die Beeinflussung Jugendlicher durch ihre Internierung im Speziallager Nr. 2, Buchenwald, München 2002.

[9] Vgl. Kathrin Krypczyk/Bodo Ritscher, Jede Krankheit konnte tödlich sein. Medizinische Versorgung, Krankheiten und Sterblichkeit im sowjetischen Speziallager Buchenwald 1945–1950, Göttingen 2005.

[10] Vgl. Andreas Weigelt, Erhebe den Blick. Sowjetische Haftstätten in Deutschland 1945–1955 im Spiegel künstlerischer und literarischer Zeugnisse, Lieberose 2010.

[11] Vgl. Eva Ochs, „Heute kann ich das ja sagen". Lagererfahrungen von Insassen sowjetischer Speziallager in der SBZ/DDR, Köln u. a. 2006.

tierte in dieser Form an ihre Haftzeit erinnerten, die seinerzeit noch sehr jung waren. Damit ist aber bereits ein kaum zu bewältigendes methodisches Problem für Forscher benannt, die ausschließlich mit diesem Quellentypus arbeiten. Inhaftierte NS-Täter oder höherrangige Funktionäre des Dritten Reichs haben keine Erinnerungsberichte vorgelegt, ja Berichte von älteren Gefangenen, die nach allen Erkenntnissen tendenziell stärker in den NS-Staat integriert gewesen waren, fehlen weitestgehend. Dies führt zu der paradoxen Situation, dass die Erfahrungen der jungen Häftlinge, die seinerzeit in der Minderheit waren, das Bild der Speziallager und die Debatten darüber überproportional stark prägen. Günter Fippel schrieb – ohne Berührungsängste mit Literatur aus rechtsradikalen Verlagen und unter teilweise fragwürdigen methodologischen Prämissen – über angeblich demokratische Widerstandskämpfer im Speziallager Sachsenhausen, die er dort in großer Zahl auszumachen glaubte[12].

Bettina Greiner wird ihrem Anspruch, eine „Gesamtgeschichte" der Speziallager (so der Klappentext) vorzulegen, ebenfalls nicht ganz gerecht. Ihre Arbeit hat Stärken vor allem bei der Darstellung des Häftlingsalltags. Russisches Archivmaterial, seit den deutsch-russischen Kooperationsprojekten der 1990er Jahre an den Gedenkstätten zugänglich, blieb weitgehend unbeachtet. Unter der teilweise affirmativen Verwendung von Betroffenenberichten perpetuiert sie allerdings unter dem irreführenden Titel „Verdrängter Terror" von der Forschung längst verworfene Klischees aus dem Kalten Krieg. Unter anderem reaktivierte sie ohne Begründung die Behauptung, dass es „bei aller gebotenen Abgrenzung zum Nationalsozialismus […] keinen Grund [gebe], die Speziallager nicht bei dem Namen zu nennen, der ihnen zusteht: Konzentrationslager"[13]. Volkhard Knigge kritisierte Greiners Ansatz als „eine politische, national grundierte Leidmetaphysik", die sich explizit gegen das historische Begreifen wende und ihre Thesen vor allem aus einer Entkontextualisierung der sowjetischen Speziallager gewinne[14].

---

[12] Vgl. Günter Fippel, Demokratische Gegner und Willküropfer von Besatzungsmacht und SED in Sachsenhausen (1946 bis 1950). Das sowjetische Speziallager Sachsenhausen – Teil des Stalinistischen Lagerimperiums, Leipzig 2008; vgl. auch die Rezension von Wolfram von Scheliha, Ein Bärendienst an den Stalinismus-Opfern: Günter Fippels Buch über das Speziallager Sachsenhausen enthält viele Fehler und zitiert rechtsextremistische Literatur, in: Horch und Guck 18 (2009) H. 3, S. 72 f.
[13] Bettina Greiner, Verdrängter Terror. Geschichte und Wahrnehmung sowjetischer Speziallager in Deutschland, Hamburg 2010, S. 472.
[14] Volkhard Knigge, National grundierte Leidmetaphysik, in: Deutschlandradio Kultur („Lesart") am 14. 11. 2010; www.deutschlandradiokultur.de/national-grundierte-leidmetaphysik.1270.de.html?dram:article_id=191413.

Neben diesen Forschungen wurden sukzessive die Namen von Toten veröffentlicht. In diesen Totenbüchern trugen mehrfach ergänzende Aufsätze die bisherige Forschung zusammen: zum Alltagsleben, zu Krankheiten, zu Sterben und Tod in den Lagern Fünfeichen (1996), Buchenwald (2003), Bautzen (2004), Frankfurt (Oder), Jamlitz und Mühlberg (2008), Weesow und Sachsenhausen (2010) sowie Ketschendorf und Hohenschönhausen (2014). Nicht zuletzt diese Publikationen entzogen Deutungen die Grundlage, die von einer Intentionalität des Tötens in den Speziallagern ausgehen und damit versuchen, politische Parolen der 1950er Jahre wie „TBC ersetzt Zyklon B" am Leben zu halten.

2. Museen und Gedenkstätten

Es gibt heute keine ernstzunehmenden Fundamentalkritiker einer Aufarbeitung und Darstellung der Geschichte der Speziallager an den historischen Orten mehr. In den 1990ern fanden sich noch vereinzelt Forscher, die im Geiste des Kalten Kriegs bestimmte Aspekte der Lagergeschichte einseitig hervorhoben. Sie schlossen häufig an DDR-Geschichtsbilder an und blendeten den spezifischen Charakter der sowjetischen Verhaftungspraxis, etwa den Mangel an Rechtsförmigkeit und -staatlichkeit und den fehlenden humanen Umgang mit den Gefangenen, weitgehend aus. Doch hatten sie wenig Einfluss. Mit der wachsenden Forschung entstanden folgerichtig Dauerausstellungen in Gedenkstätten und an den Orten ehemaliger Speziallager, die im Wesentlichen den Wissensstand „musealisierten", der bis in die frühen 2000er Jahre erarbeitet wurde.

Heute finden sich Dauerausstellungen in Torgau (1996, überarbeitet 2004), Buchenwald (1997), Sachsenhausen (auch für Weesow, 2001), Jamlitz, Bautzen (beide 2004) und Hohenschönhausen (2013)[15]. Im Stadtmuseum Mühlberg wird die Geschichte des Speziallagers seit den 1990er Jahren thematisiert. 2015 eröffnet dort eine überarbeitete Ausstellung, in der 48 m^2 für die Darstellung der Geschichte des Lagers vor und nach 1945 vorgesehen sind. Alle Ausstellungen zeichnen sich durch einen nüchternen und dokumen-

---

[15] Vgl. Bodo Ritscher u. a (Hrsg.), Das sowjetische Speziallager Nr. 2 1945–1950. Katalog zur ständigen historischen Ausstellung, Göttingen 1999; Brigitte Oleschinski/Bert Pampel, „Feindliche Elemente sind in Gewahrsam zu halten". Die sowjetischen Speziallager Nr. 8 und Nr. 10 in Torgau 1945–1948, Leipzig ^{2}2002; Günter Morsch/Ines Reich (Hrsg.), Sowjetisches Speziallager Nr. 7/Nr. 1 in Sachsenhausen. Katalog zur Ausstellung in der Gedenkstätte und Museum Sachsenhausen, Berlin 2005; Susanne Hattig u. a., Geschichte des Speziallagers Bautzen 1945–1950. Katalog zur Ausstellung der Gedenkstätte Bautzen, Dresden 2004.

tarischen Stil aus. Jedoch vertritt die Ausstellung in Hohenschönhausen Haltungen, die sich nicht vom Geist der Systemkonfrontation zu lösen vermochten, etwa indem sie Nationalsozialisten und NS-Täter als Häftlinge des Speziallagers Nr. 3 kaum thematisiert oder indem sie betont, im Mai 1945 habe für viele Menschen ein „Alptraum" begonnen.

Vor allem in größeren Gedenkstätten kam es zu teilweise heftig ausgetragenen Konflikten. In Buchenwald gab es jahrelange Auseinandersetzungen, in denen ruppige Rote-Socken-Kampagnen und ähnliche Verleumdungen zeitweise regelrecht zum Alltag gehörten[16]. Der Hintergrund war stets ein Streit um die Gewichtung der Geschichte des Speziallagers in Relation zu jener des Konzentrationslagers. Ein Kulminationspunkt jahrelanger Konflikte in der Gedenkstätte Sachsenhausen war die Eröffnung des Museums zur Geschichte des sowjetischen Speziallagers im Dezember 2001. Ohne die Ausstellung zu kennen, ließ eine Woche vor Eröffnung ein Sprecher des russischen Außenministeriums über die Nachrichtenagentur TASS verbreiten, die Ausstellungsmacher zielten darauf ab, „die Untaten der nazistischen Verbrecher weiß zu waschen". Er unterstellte die Absicht, „die Verbrechen des Faschismus und die Handlungen durch die sowjetischen Bestatzungstruppen [...] auf eine Stufe zu stellen". Am Tag der Eröffnung wiederum protestierten Vertreter des Verbands der Opfer des Speziallagers dagegen, dass sie nicht nur ein Leben lang Opfer „zweiter Klasse" gewesen seien, sondern einige von ihnen nun endgültig zu Unrecht als Nazis abgestempelt würden[17].

In den letzten Jahren haben diese Auseinandersetzungen insgesamt an Schärfe eingebüßt, ohne dass sie ganz überwunden worden wären. Während der Autor im März 2013 einen Vortrag über die Suche nach den Massengräbern des Speziallagers Sachsenhausen hielt, kam es beispielsweise zu lautstarken Protesten aus den Reihen der Überlebenden und Opferverbände, als er darlegte, man müsse aufgrund akribischer Suchaktionen in den 1990er Jahren davon ausgehen, dass alle Massengräber des Speziallagers bekannt seien und keine weiteren Toten zu der jetzt belegten Zahl hinzukämen. Die Frage nach der Zahl der Todesopfer bewegt viele ehemalige Lagerinsassen, ist aber auch für (geschichts-)politische Aktivisten von Bedeutung, deren Anliegen es oftmals ist, die NS-Verbrechen am gleichen Ort zu relativieren.

---

[16] Vgl. Hasko Zimmer, Der Buchenwald-Konflikt. Zum Streit um Geschichte und Erinnerung im Kontext der deutschen Vereinigung, Münster 1999.
[17] Martina Meister, Weder relativieren noch bagatellisieren, in: Frankfurter Rundschau vom 10. 12. 2001; abgedruckt in: Morsch/Reich (Hrsg.), Speziallager Sachsenhausen, S. 480 ff.

3. Desiderata

Die Liste der Desiderata ist lang. So wissen wir, erstens, wenig über die der Lagerhaft vorangehende Phase der Ermittlung, Festnahme und Untersuchungshaft durch sowjetische Geheimdienste und deutsche Hilfsorgane. Es gibt zwar inzwischen zarte Ansätze, dieses Feld in den Blick zu nehmen, eine systematische Erforschung aber steht noch aus[18]. Zweitens fehlen fundierte Kenntnisse über die Struktur und Zusammensetzung des sowjetischen Lagerpersonals. Wir sind zwar inzwischen gut über die wichtigsten Akteure der sowjetischen Geheimdienste in der SBZ/DDR informiert[19], das Personal der sowjetischen Speziallager ist aber bis auf wenige Ausnahmen unbekannt. Eingehender zu untersuchen wäre, drittens, die Zusammenarbeit der Alliierten bei der Verfolgung von NS- und Kriegsverbrechern und die Rolle der Speziallager in diesem Kontext. Für das Speziallager Sachsenhausen ist beispielsweise gesichert, dass dort mehrere Hundert Männer inhaftiert waren, die der sowjetischen Besatzungsmacht zwischen 1945 bis 1947 von den britischen Alliierten als mutmaßliche NS-Verbrecher übergeben worden waren. Darunter befand sich Personal des KZ Sachsenhausen und beinahe die gesamte Mannschaft des für zahlreiche Massenmorde verantwortlichen Polizeibataillons 9; überdies zählten zu dieser Häftlingsgruppe mindestens weitere 400 Personen, die von den Briten in Norwegen gefangen genommen worden waren. Darunter waren Angehörige des Verhör- und Folterzentrums der Gestapo in Kristiansand, der letzte Kommandant des sogenannten Strafgefangenenlagers der SS in Falstad, sowie Ärzte und Wachleute aus Kriegsgefangenenlagern, in denen besonders viele sowjetische Kriegsgefangene ums Leben gekommen waren.

Das wichtigste Desiderat betrifft, viertens, die Struktur der Häftlingsgesellschaft in den Speziallagern. Dieses Thema ist eng mit dem Problem der historischen Bewertung und Einordnung der Speziallager verbunden.

---

[18] Vgl. Manfred Thiele, Vae victis. Mühlhausen unter sowjetischer Besatzungsdiktatur 1945–1953, Mühlhausen 2004; Udo Baumbach, Schloss Rochlitz und die sowjetische Geheimpolizei. Zur Geschichte des Altkreises Rochlitz unter amerikanischer und sowjetischer Besatzung 1945–1947, Markkleeberg 2014; Enrico Heitzer/Julia Landau, Verhaftet aus Altenburg. Häftlinge aus Altenburg in den sowjetischen Speziallagern Buchenwald und Sachsenhausen, 2 Teile, in: Altenburger Geschichts- und Hauskalender 2014, S. 89–93, und 2015, S. 92–96.
[19] Vgl. Nikita Vasil'evič Petrov, Die sowjetischen Geheimdienstmitarbeiter in Deutschland. Der leitende Personalbestand der Staatssicherheitsorgane der UdSSR in der Sowjetischen Besatzungszone Deutschlands und der DDR von 1945–1954. Biografisches Nachschlagewerk, Berlin 2010.

In den 1950er Jahren und – mit Bezug darauf – teilweise bis heute, wurde und wird behauptet, in den Speziallagern seien vor allem Jugendliche sowie Widerstandskämpfer und Systemgegner inhaftiert gewesen. Es habe sich bei den Lagern primär um Instrumente des Terrors gegen Gegner der Sowjetisierung und nicht um Instrumente der Denazifizierung und politischen Säuberung gehandelt. So schrieb etwa Stefan-Ludwig Hoffmann noch vor Kurzem, dass sich in den Speziallagern „more Social Democrats than Nazi leaders" befunden hätten und die Hälfte der Insassen keine 20 Jahre alt gewesen sei[20].

Wegen der Brisanz dieser Fragen war von der zweiten Enquete-Kommission des Bundestags ein eigenes Gutachten zur Häftlingsstruktur angefordert worden. Der Autor, Achim Kilian, legte darin anhand sowjetischer Dokumente verschiedene Haftgründe dar, arbeitete aber vor allem etliche Widersprüche heraus[21]. Seiner Einschätzung nach bildeten die neuen sowjetischen Quellen die Struktur der Häftlingsgesellschaft nur unzureichend ab und ließen eine qualifizierte Gewichtung kaum zu. Im Schlussbericht stellte die Kommission fest, dass keine genauen Angaben zu den Zahlen von Verhafteten, Inhaftierten und Verstorbenen gemacht werden könnten. Trotzdem streicht der Bericht kategorisch heraus: „Die Speziallager dienten nicht der Entnazifizierung."[22] Ungeachtet dessen, dass die Festschreibung einer so weitreichenden historisch-politischen Deutung auf der Grundlage eines eher rudimentären Forschungsstands durch eine Expertenkommission des Parlaments als durchaus problematisch bezeichnet werden kann, ist diese Beurteilung auf den ersten Blick scheinbar treffend. Sie ist natürlich insofern adäquat, als dass die Inhaftierten zumeist nicht einer regelgeleiteten Prozedur der Denazifizierung unterzogen wurden, wie sie im Oktober 1946 in der Kontrollratsdirektive Nr. 38 fixiert worden war. Indes ist auf den zweiten Blick ersichtlich, dass eine pauschale Festnahme „aktiver Angehöriger" der NSDAP, „Leiter faschistischer Jugendorganisationen" auf allen Ebenen

---

[20] Stefan-Ludwig Hoffmann, Germany is No More. Defeat, Occupation, and the Postwar Order, in: Helmut Walser Smith (Hrsg.), The Oxford Handbook of Modern German History, Oxford 2011, S. 597–618, hier S. 602.
[21] Achim Kilian, Die Häftlinge in den sowjetischen Speziallagern der Jahre 1945–1950. Zusammenfassung des derzeitigen Kenntnisstandes hinsichtlich Zahl, Verbleib und Zusammensetzung nach Internierungsgründen, in: Materialien der Enquete-Kommission „Überwindung der Folgen der SED-Diktatur im Prozess der deutschen Einheit", Bd. VI, Berlin 1999, S. 373–440.
[22] Schlussbericht vom 10. 6. 1998, in: Materialien der Enquete-Kommission „Überwindung der Folgen der SED-Diktatur im Prozess der deutschen Einheit", Bd. I, Berlin 1999, S. 142–803, hier S. 606.

oder von Mitarbeitern der Gestapo, des SD und anderer deutscher „Straforgane"[23] zweifellos als Maßnahme im Sinne der von den Siegermächten gemeinsam angestrebten politischen Säuberung verstanden werden kann[24].

Aus dem Kooperationsprojekt unter Leitung von Alexander von Plato und Lutz Niethammer erwuchsen weitere Forschungsprojekte. Hatten etwa Vera Neumann, Jan Lipinsky, Heinz Kersebom und Lutz Niethammer unterschiedliche Stichproben zum Sozialprofil der Häftlinge in den Speziallagern Buchenwald, Bautzen und Sachsenhausen analysiert, lieferten Forscher unter Federführung des Hannah-Arendt-Instituts für Totalitarismusforschung in Dresden Arbeiten zu den durch sowjetische Militärtribunale Verurteilten. Diese Studien betrafen zwar nicht ausschließlich die Insassen sowjetischer Speziallager, aber erbrachten auch auf diesem Gebiet weitreichende Erkenntnisse zur Verfolgungs- und Verurteilungspolitik der Besatzungsmacht. Diese Untersuchungen entfalteten ein differenzierteres Panorama der Lagergesellschaft und präparierten die „Multifunktionalität" des Speziallagersystems insgesamt wie die einzelner Speziallager heraus. Die „deutliche Mehrheit" der Speziallagerinhaftierten war älter als 45 Jahre[25], der Anteil der Jugendlichen lag hingegen deutlich unter zehn Prozent.

Die mehrfache Funktion der Lager fand ihre Entsprechung in unterschiedlichen Gefangenengruppen: den nichtverurteilten Internierten, den SMT-Verurteilten, den Kriegsgefangenen, den sowjetischen Bürgern und einigen wenigen anderen Ausländern. Zudem zeigte sie sich in den verschiedenen Absichten, die in den heterogenen Phasen der Lagergeschichte hinter den Verhaftungen standen. Anfangs bestimmte die Sorge um die Sicherheit der Truppe (etwa vor Guerillakämpfern des „Werwolfs") das Handeln der Besatzungsmacht, „nicht der Ehrgeiz, eine vernünftige Säuberungspolitik zu

---

[23] So heißt es im einschlägigen NKWD-Befehl Nr. 00315 vom 18.4.1945; GARF, fond 9401, op. 12, d. 178, Bl. 30ff.; abgedruckt in: Mironenko/Niethammer/von Plato (Hrsg.), Speziallager, Bd. 2, S. 178–181.

[24] Ein Verweis auf die entsprechenden Passagen der Potsdamer Erklärung vom 2.8.1945 soll an dieser Stelle genügen. Vgl. Klaus-Dietmar Henke, Die Trennung vom Nationalsozialismus. Selbstzerstörung, politische Säuberung, „Entnazifizierung", Strafverfolgung, in: ders./Hans Woller (Hrsg.), Politische Säuberung in Europa. Die Abrechnung mit Faschismus und Kollaboration nach dem Zweiten Weltkrieg, München 1991, S. 21–83, hier S. 32ff.; Entnazifizierung: Politische Säuberung und Rehabilitierung in den vier Besatzungszonen 1945–1949, hrsg. von Clemens Vollnhals in Zusammenarbeit mit Thomas Schlemmer, München 1991, S. 7–64, hier S. 8f. und S. 53f.

[25] Alexander von Plato, Zur Geschichte des sowjetischen Speziallagersystems in Deutschland. Einführung, in: Mironenko/Niethammer/von Plato (Hrsg.), Speziallager, Bd. 1, S. 19–75, hier S. 59.

machen"²⁶. Daneben stand das Bestreben, Arbeitskräfte als „menschliche Reparationen" für die zerstörte Sowjetunion zu „mobilisieren". Seit April 1945 kamen die Entfernung der Träger des Dritten Reichs (Verantwortliche in Partei, Staat, Repressions- und Terrorapparaten sowie der Ökonomie) aus ihren Positionen sowie die Ermittlung gegen NS- und Kriegsverbrecher hinzu; darüber herrschte weitgehender Konsens unter den Alliierten. Im ersten Fall stand die Neutralisierung von Personenkreisen im Zentrum, die potentiell der Errichtung eines neuen administrativen Gefüges Widerstand entgegensetzen konnten, im zweiten Fall ging es in der Regel um Taten, die im Kontext des NS-Systems, insbesondere im Zuge des Vernichtungskriegs gegen die Sowjetunion begangen worden waren und bestraft werden sollten. Bereits ab Sommer 1945, verstärkt jedoch im Laufe des Jahres 1946 kamen Festnahmen hinzu, die angeblichen und tatsächlichen Verstößen gegen Anordnungen der Besatzungsmacht galten. Solche Taten wurden überwiegend durch SMT abgeurteilt. Die Festnahmebegründungen bei dieser Häftlingskategorie begannen bei kriminellen Vergehen, etwa Eigentums- oder auch Verkehrsdelikten, setzten sich fort in Straftaten gegen Personen (Mord, Körperverletzung), sanktionierten unterschiedliche Formen von Normverstößen (Waffenbesitz, Verletzung von Zonengrenzen und Demarkationslinien) bis hin zu politischen Aktivitäten, die gemäß der stalinistischen Repressionstradition zumeist mit den Straftatbeständen des Artikels 58 des Strafgesetzbuches der RSFSR als „Spionage", „illegale Gruppenbildung", „Sabotage" oder „antisowjetische Propaganda" geahndet wurden.

4. Zusammenfassung

Die sowjetischen Speziallager hatten Einfluss auf das Leben und den Tod zahlreicher Menschen. Ihre historische Einordnung war im Kalten Krieg zeitweise ein Politikum ersten Ranges – und ist bis heute umstritten geblieben. Einerseits finden sich Forscher, die einer historischen Entkontextualisierung und allen einseitigen Interpretationen eine Absage erteilen. Andererseits scheint sich gegenwärtig ein vor allem politisch vermittelter Konsens herauszubilden, der die sowjetischen Speziallager zunehmend durch die Brille einer politisch trivialisierten und instrumentalisierten Totalitarismustheorie betrachtet. Diese Deutung pflegt freilich einen germanozentrischen Blick oder neigt dazu, Nationalsozialismus und Stalinismus gleichzusetzen, wobei der Kontext der Internierungen im besetzten Deutschland

---

[26] Henke, Trennung vom Nationalsozialismus, S. 32.

ausgeblendet wird, von den teilweise äußerst gewalttätigen Abrechnungen mit angeblichen und tatsächlichen Nationalsozialisten, Faschisten und Kollaborateuren in weiten Teilen Europas ganz zu schweigen. Dabei sind zwei argumentative Grundlinien auszumachen: Während die eine vor allem an die Berichte von Zeitzeugen anknüpft und – zum Teil ausschließlich und das Leid der Häftlinge akzentuierend – den Aspekt des politischen Terrors in den Vordergrund stellt, leitet sich eine zweite eher aus einem ahistorischen Rechtsstaats- und Menschenrechtsbegriff her.

Nach 1990 wurden an den meisten Standorten der ehemaligen Speziallager Gedenkstätten oder -orte eingerichtet. Wo solche schon vorhanden waren, passte man sie inhaltlich und gestalterisch an den Forschungsstand an. Seither wurden zwar wesentliche Aspekte der Lager neu oder erstmalig untersucht. Wir wissen inzwischen im Wesentlichen, wie es um den Haftalltag in den Speziallagern bestellt war, wir verfügen über die wichtigsten Informationen zur Geschichte der Lager, kennen Daten der Transporte und zuständige Kommissionen sowie vieles andere mehr. Wir wissen hingegen zu wenig über das Vorfeld der Speziallagerhaft, über die Einbindung der Speziallager in das System der interalliierten Verfolgung von NS- und Kriegsverbrechern sowie vor allem über die Zusammensetzung der Häftlingsgesellschaften. Erst wenn diese Desiderate bearbeitet sind, werden sich die Forschung, der (gedächtnis-)politische und der öffentliche Diskurs von jenen Bildern und Gegenbildern über die Speziallager lösen können, die in der Systemkonkurrenz in Ost und West entwickelt und vertreten wurden. Der Scharnierzeit zwischen dem Ende des Zweiten Weltkriegs und der Teilung der Welt im Kalten Krieg muss fortgesetzt unsere Aufmerksamkeit gelten.

ZEITGESCHICHTE IM GESPRÄCH

BAND 21

Reinhild Kreis (Hrsg.)
Diplomatie mit Gefühl
Vertrauen, Misstrauen und die Außenpolitik der Bundesrepublik Deutschland

2015, 110 S.
Br. € 16,95 [D]
ISBN 978-3-486-77844-1
eBook € 16,95 [D]
PDF ISBN 978-3-486-85908-9
ePUB ISBN 978-3-11-039780-2
Print + eBook € 29,95 [D]
ISBN 978-3-486-85909-6

Am Ende des Zweiten Weltkriegs hatte Deutschland jedes Vertrauen verspielt. Wie versuchte die Bundesrepublik, dieses wieder zu gewinnen? Welche Rolle spielten Vertrauen, Misstrauen und Kontrolle bei der Westintegration und in den blockübergreifenden Beziehungen? Wie und warum machte der Begriff Vertrauen in der Nachkriegsdiplomatie Karriere? Die Autorinnen und Autoren dieses Sammelbands analysieren die Außenpolitik der Bundesrepublik Deutschland in den Jahren des Ost-West-Konflikts anhand der Kategorien Vertrauen und Misstrauen. Sie fragen nach rhetorischen Strategien, nach Vertrauen als Ziel politischen Handelns sowie nach seiner Bedeutung im Denken und Handeln wichtiger Akteure. Der Sammelband erschließt so eine bisher weitgehend unberücksichtigte Dimension in der Geschichte der internationalen Beziehungen.

Reinhild Kreis ist Akademische Rätin a.Z. am Lehrstuhl für Zeitgeschichte an der Universität Mannheim.

degruyter.com/oldenbourg

Alexander Haritonow
Forschungen über Grabstätten sowjetischer Bürger auf deutschem Boden

1. Eine Aufgabe mit humanitärer Dimension

Mit dem Zusammenbruch der Sowjetunion und der deutschen Wiedervereinigung, mit der im neuen Russland seit den 1990er Jahren konsequent voranschreitenden Öffnung der Archive hat die historische Forschung zur Zeitgeschichte der deutsch-russischen Beziehungen und speziell der Tätigkeit der SMAD ganz neue Dimensionen angenommen. Vieles konnte seither erreicht werden, vieles wurde maßgeblich von der wissenschaftlichen Arbeit Jan Foitziks geprägt. Wenn wir uns nun darüber austauschen, wie sich das alles seither entwickelt hat und wo wir heute stehen, dann soll auch ein kurzer Überblick über Ergebnisse und Schwierigkeiten bei der Erforschung von Grabstätten sowjetischer Bürger auf deutschem Boden gegeben werden – über eine Aufgabe, die seinerzeit noch von der SMAD begonnen wurde und heute von Historikern fortgeführt wird.

Die Geschichte der SMAD und ihrer Tätigkeit in der SBZ Deutschlands verbindet sich in der Historiografie ebenso wie im öffentlichen Bewusstsein zuallererst mit politischen und wirtschaftlichen Prozessen, die zu einem grundlegenden Wandel der staatlichen Ordnung geführt haben. Wesentlich seltener wandte sich die Wissenschaft Problemen der Repatriierung sowjetischer Bürger zu, die aus unterschiedlichen Gründen ihr Land verlassen mussten: der Repatriierung von so genannten Ostarbeitern, Freiwilligen der Wehrmacht, Kriegsgefangenen, aber auch von Emigranten aus der Vorkriegszeit und aus dem zaristischen Russland[1]. Noch geringer ist die Zahl der Historiker, die sich im Zusammenhang mit SMAD-Forschungen jener Problematik annahmen, die ursprünglich in den Zuständigkeitsbereich der SMAD-Abteilung beziehungsweise Verwaltung für die Repatriierung und

[1] Vgl. Jurij N. Arzamaskin, Založniki Vtoroj mirovoj vojny. Repatriacija sovetskich graždan v 1944–1953 gg. [Geiseln des Zweiten Weltkriegs. Die Repatriierung sowjetischer Bürger in den Jahren 1944–1953], Moskau 2001; M. Je. Jerin, Sovetskie voennoplennye v nacistskoj Germanii 1941–1945. Problemy issledovanija [Sowjetische Kriegsgefangene im nazistischen Deutschland 1941–1945. Probleme der Forschung], Jaroslavl' 2005; M.N. Solejman, Sovetskie voennoplennye v Norvegii v 1941–1945 godach [Sowjetische Kriegsgefangene in Norwegen in den Jahren 1941–1945], Moskau 2012.

Suche nach Bürgern der Vereinten Nationen fiel. Dazu gehörte auch die Ermittlung der Grabstätten von Bürgern der Vereinten Nationen, wobei in Ostdeutschland der Schwerpunkt natürlich auf der Suche nach Grabstätten sowjetischer Bürger lag, und dazu gehörte die Instandsetzung und Erhaltung der entsprechenden Friedhöfe. Dabei war dies eine Aufgabe von enormer humanitärer Bedeutung, die aber zugleich so umfangreich war, dass sie erhebliche Kräfte band und seinerzeit nicht zufriedenstellend abgeschlossen werden konnte. Hier öffnet sich ein interessantes Forschungsfeld, das nicht nur Licht ins bestehende Dunkel bringt, sondern auch bis heute eine wichtige humanitäre Rolle spielt[2].

2. Die Gräbersuche durch SMAD-Dienststellen

Die ersten Anweisungen zur Repatriierung gab der Frontmilitärrat bereits im Januar 1945 heraus. Die zielgerichtete, systematische Suche nach Grabstätten begann dann im Juni 1945, nachdem die Verordnung über die Tätigkeit der Abteilung Repatriierung der SMAD ergangen war[3]. Laut dieser Verordnung sollten sich die Unterabteilungen 1, 2, 4 und 5 der Abteilung mit der Erfassung in Deutschland verstorbener oder gefallener Bürger der UdSSR beschäftigen. Um dem enormen Arbeitsaufkommen gerecht zu werden, stellte die Abteilung Repatriierung der SMAD Ende Juli 1945 15 zusätzliche Offiziere für die Ermittlung von Grabstätten sowjetischer Bürger und Bürger der Vereinten Nationen ab[4]. Die Abteilung war übrigens dem Stabschef der SMAD und dem Bevollmächtigten des Rats der Volkskommissare der UdSSR für Repatriierungsangelegenheiten direkt unterstellt.

Anfang 1946 erfolgte eine Neustrukturierung der Abteilung Repatriierung, in deren Folge die Suche nach Grabstätten in einer Unterabteilung zusammengefasst wurde[5]. Dennoch existierten bis Juni 1946 zwei de facto voneinander unabhängige Instanzen, die sich dieser Aufgabe widmeten,

---

[2] Für die Lebenden – der Toten gedenken = Vo imja živych – pomnit' o pogibšich: Ein internationales Gemeinschaftsprojekt zur Erforschung des Schicksals sowjetischer und deutscher Kriegsgefangener und Internierter, hrsg. von der Stiftung Sächsischer Gedenkstätten u. a., Dresden 2003.
[3] GARF, fond 7317, op. 20, d. 3, Bl. 6–10, Anweisung an den Leiter der Abteilung Repatriierung beim Militärrat der Front bezüglich Aufnahme, Gewahrsam, Erfassung und Verlegung sowjetischer Bürger vom 31.1.1945.
[4] GARF, fond 7317, op. 20, d. 3, Bl. 54ff., Verordnung über die Tätigkeit der Abteilung Repatriierung der SMAD vom 23.6.1945.
[5] GARF, fond 7317, op. 20, d. 3, Bl. 61, Jahresbericht über die Tätigkeit der Abteilung Repatriierung und Suche nach vermissten Bürgern der vereinten Nationen beim Stab der SMAD im Zeitraum Juni 1945 – Juni 1946 vom 25.6.1946.

denn neben der Abteilung Repatriierung der SMAD gab es noch die Repatriierungsverwaltung bei der Feldverwaltung der Gruppe der sowjetischen Besatzungsstreitkräfte in Deutschland. Erst mit dem Befehl Nr. 0159 des Oberbefehlshabers der SMAD vom 25. Juni 1946 wurde eine einheitliche Verwaltung für die Repatriierung von Bürgern der UdSSR und ausländischen Bürgern errichtet.

Doch auch diese Institution war mit der Menge der anstehenden Aufgaben überfordert. Wie aus einem Bericht der Abteilung Repatriierung aus dem Jahre 1948 hervorgeht, hätten die verfügbaren Mitarbeiter an die zehn Jahre gebraucht, um alle Grabstätten zu ermitteln, zu erfassen und die entsprechenden Grablisten zu erstellen. Deshalb wurden bereits seit 1946 und verstärkt seit 1947 deutsche Selbstverwaltungsorgane sowie die Verwaltungen der Länder und Provinzen der SBZ in die Arbeit einbezogen.

Die Aufgabe gestaltete sich schwierig. Wichtige Fragen blieben so häufig offen, dass in Anbetracht der Bedeutung des Anliegens das Thema sogar auf die Tagesordnung von Sitzungen des Rats der Außenminister kam, etwa bei der Sitzung in Moskau am 23. April 1947[6]. Übereinstimmend beschlossen die vier Siegermächte, in den westlichen Besatzungszonen einen deutschen Suchdienst für vermisste Deutsche einzurichten. Dorthin sandte man auch Informationen über Grabstätten sowjetischer Bürger, die von Mitarbeitern der SMAD regelmäßig genutzt wurden. Ende 1947 hatte man ein mehr oder weniger vollständiges Register von Grabstätten sowjetischer Bürger in der SBZ zusammengetragen. Aus zahlreichen Einzelgräbern wurden sterbliche Überreste damals schon auf größere Gedenkfriedhöfe umgebettet, die besser zu pflegen waren. Im Frühjahr 1949 begannen die Militärkommandanten der Städte und Gemeinden, Kriegsfriedhöfe und Grabstätten sowjetischer Bürger in die Obhut deutscher Selbstverwaltungsorgane zu übergeben und sie mit der Erhaltung und Pflege zu beauftragen. Zu diesem Zeitpunkt hatte man insgesamt 40.865 Gräber sowjetischer Soldaten und 37.437 weitere Grabstätten sowjetischer Bürger ermittelt.

3. Grabstättenforschung und -pflege als gemeinsame Aufgabe

70 Jahre nach Kriegsende hat die Gräbersuche naturgemäß etwas an Aktualität verloren. Doch der Wunsch vieler Menschen aus der ehemaligen Sowjetunion, zu erfahren, wo genau ihre Angehörigen ihre letzte Ruhestatt

---

[6] GARF, fond 7317, op. 20, d. 3, Bl. 90ff., Rat der Außenminister. Abgestimmte Entscheidungen des Rats der Außenminister vom 23. 4. 1947.

fanden, ist heute mindestens genauso stark wie damals. Mehr noch, moderne Kommunikationsmittel, vor allem das Internet, brachten diesen über lange Zeit verborgenen, ja in gewisser Weise verdrängten Wunsch wieder an die Oberfläche, so dass heute Hunderttausende Familien wieder nach den Grabstätten ihrer Vorfahren suchen.

Die Grundlage für ihre Suche bilden sowohl SMAD-Dokumente als auch die seinerzeit von deutschen Einrichtungen ausgestellten Erfassungspapiere für sowjetische Kriegsgefangene, die nach dem Zweiten Weltkrieg in die UdSSR verbracht und dort archiviert worden waren. Doch die Türen dieser Archive öffneten sich bekanntlich erst nach dem Zusammenbruch der Sowjetunion. Die Auswertung der Dokumente schreitet freilich nur langsam voran. Im Zuge intensiver wissenschaftlicher Kontakte zwischen Historikern und Archivaren verschiedener Länder wurde es Schritt für Schritt wieder möglich, mit den in den Augen der breiten Öffentlichkeit, aber auch vieler Historiker lange Zeit verloren geglaubten Dokumenten zu arbeiten. Im Rahmen eines ersten Kontakts ergab es sich unter anderem, dass der ehemalige stellvertretende Leiter des Zentrums für Geschichte, Archivwesen und militärische Gedenkarbeit beim Generalstab der Streitkräfte der Russischen Föderation, Oberst Viktor Muchin, im April 1996 an einer Konferenz in Riesa teilnahm und dort einen Vortrag über deutsche Unterlagen zu sowjetischen Kriegsgefangenen im Zentralarchiv des russischen Verteidigungsministeriums hielt. Zu diesem Zeitpunkt konnte man bereits offen über die Existenz dieser Dokumente sprechen, nachdem 1993 in Russland das Gesetz „Über die Verewigung des Gedenkens an die Gefallenen bei der Verteidigung des Vaterlandes" verabschiedet worden war, das sich auch auf sowjetische Kriegsgefangene erstreckte.

In der Folgezeit begannen zunächst Russland, später auch die Ukraine und die Republik Belarus mit der Übergabe von Unterlagen über ehemalige sowjetische Kriegsgefangene, die Filtrationslager durchlaufen hatten, aus den Archivbeständen des ehemaligen KGB an regionale zivile Archive. Dabei wurden die Dokumente nicht nur zur Aufbewahrung eingelagert, sondern zur Nutzung freigegeben, wovon Historiker und Publizisten regen Gebrauch machten. Die Ergebnisse ihrer Arbeit veröffentlichten sie in Form von Büchern oder – wie zum Beispiel in der Region Perm – im Internet[7].

Um das Gedenken an die sowjetischen Kriegsgefangenen auch in Deutschland entsprechend zu institutionalisieren, begann man in Russland mit der Suche nach geeigneten Partnern in Deutschland. Eine wichtige Rolle dabei

---

[7] Vgl. www.politarchive.perm.ru/vplen und www.permgani.ru/vplen.

spielte die erwähnte Konferenz in Riesa 1996, an der mehrere Vertreter der Russischen Föderation teilnahmen. Sie legte gewissermaßen den Grundstein für die Zusammenarbeit auf diesem Gebiet zwischen Russland und Deutschland. Die gemeinsamen Anstrengungen führten schließlich zur Freigabe der Unterlagen der Wehrmachtsauskunftsstelle (WASt) aus dem Podolsker Militärarchiv auch für deutsche Historiker zu wissenschaftlich-humanitären Zwecken. Damit war der Weg frei für die Planung unseres Projekts „Sowjetische und deutsche Kriegsgefangene und Internierte. Forschungen zum Zweiten Weltkrieg und zur Nachkriegszeit". 2000 begann dann die konkrete Projektarbeit, gefördert aus Mitteln des Beauftragten der Bundesregierung für Kultur und Medien sowie der „Gemeinsamen Kommission für die Erforschung der jüngeren Geschichte der deutsch-russischen Beziehungen". Bis 2014 wurde dieses Projekt ununterbrochen von Klaus-Dieter Müller geleitet. Für die Instandsetzung der Friedhöfe ist Wolfgang Scheder verantwortlich, während dem Autor dieses Beitrags die Zusammenarbeit mit Archivvertretern in den Nachfolgestaaten der UdSSR, die Suche nach Unterlagen und deren anschließende Aufarbeitung obliegen. Im Zuge der Projektarbeit trafen politische Kreise in Weißrussland und der Ukraine ähnlich gelagerte Entscheidungen; sie gaben Unterlagen über sowjetische Kriegsgefangene zur Nutzung frei.

Heute trägt das Projekt in erster Linie einen ausgeprägt humanitären Charakter. So ist es zu einer guten Tradition geworden, die Namen der ermittelten Kriegsgefangenen aus einer bestimmten Gegend in den regionalen Medien zu veröffentlichen, um deren Angehörige ausfindig zu machen. Im Rahmen feierlicher Gedenkveranstaltungen übergibt die Dokumentationsstelle dann den Angehörigen Kopien der deutschen Unterlagen mit den letzten Erinnerungen an ihre Väter und Großväter. Mit besonderer Dankbarkeit nehmen die Menschen Informationen über den konkreten Ort entgegen, an dem ihr Angehöriger die letzte Ruhestätte fand, können sie doch auf diese Weise wenigstens auf der Landkarte noch einmal Abschied nehmen. Seit 2009, als die Dokumentationsstelle für interessierte Bürger Kriegsgefangenenlisten im Internet bereitstellte, stieg die Zahl der jährlichen Anfragen auf bis zu 9000 pro Jahr und bleibt seitdem konstant auf diesem hohen Niveau[8].

---

[8] Nicht unerwähnt bleiben darf an dieser Stelle auch die Arbeit des von der Stiftung Erinnerung, Verantwortung, Zukunft finanzierten Projekts zur Erfassung aller auf deutschem Territorium befindlichen Grablagen russischer beziehungsweise sowjetischer Opfer beider Weltkriege. Im Rahmen dieses Projekts dokumentiert das Deutsch-Russische Museum Berlin-Karlshorst die in Deutschland bekannten Ehrenmäler und Gedenkstätten für sowjetische Bürger. Bislang sind rund 4100 Orte erfasst.

Die Arbeit mit Unterlagen der Gruppe der sowjetischen Besatzungsstreitkräfte in Deutschland gestaltet sich insofern schwierig, als deren Herkunft nicht immer klar erkennbar ist. Wie bereits erwähnt, beschäftigten sich anfangs sowohl die Armee als auch die SMAD mit der Ermittlung von Grabstätten sowjetischer Bürger. In den 1950er Jahren gelangten die archivierten Unterlagen nicht nur in die zentralen Archive der Russischen Föderation, sondern auch in die einzelnen Unionsrepubliken. So befinden sich zum Beispiel die Berichte der Kommission zur Ermittlung der Opferzahlen im Kriegsgefangenenlager Zeithain bei Riesa im Stadtarchiv Kiew, ein Teil der Unterlagen der Verwaltung Inneres der SMAD lagert im Zentralarchiv des ukrainischen Sicherheitsdiensts und so weiter. Die Akten der von sowjetischen Militärtribunalen verurteilten Deutschen sind auf verschiedene Archive in Russland, der Ukraine und der Republik Belarus verteilt. Dabei ist dieses Material von besonderem Interesse, da unter den Verurteilten auch viele Vertreter ehemaliger Lagerverwaltungen waren, die bei ihren Verhören unter anderem Aussagen zu den Gräbern sowjetischer Bürger gemacht haben, die in dem betreffenden Kriegsgefangenenlager verstorben waren.

4. Zur Bedeutung der Aktenüberlieferung

In den zurückliegenden rund 14 Jahren haben die Arbeit an dem Projekt und speziell die Suche nach Grabstätten sowjetischer Bürger in Deutschland gezeigt, dass die im Staatsarchiv der Russischen Föderation lagernden SMAD-Dokumente nicht die herausragende Bedeutung besitzen, die man ihnen vielleicht auf den ersten Blick zuschreiben mag. Freilich, es sind dort Hunderte von Grabstätten erfasst, es gibt Namenslisten von sowjetischen Bürgern, die in der SBZ begraben wurden. Sowjetische Militärmissionen haben auch mit den Militärverwaltungen der Alliierten in Deutschland zusammengearbeitet und Grabstätten in den anderen Besatzungszonen erfasst, entsprechende Namenslisten erstellt. Doch sind diese Listen bei weitem nicht vollständig. Anfang 1950 sah sich die Sowjetische Kontrollkommission in Deutschland zum Beispiel veranlasst mitzuteilen, dass die amerikanischen Besatzungsbehörden in ihrem Zuständigkeitsbereich nicht das nötige Interesse an Grabstätten sowjetischer Bürger zeigten, sowjetische Offiziere

Informationen über die hier bestatteten Menschen sind im Projekt allerdings nicht vorgesehen. Ebenso wenig geht es um eine Dokumentation der ursprünglichen Grablagen vor den Umbettungen. Das ist für Angehörige von Toten und Vermissten häufig unbefriedigend. Dieses Projekt kann die Arbeit der Dokumentationsstelle nicht ersetzen, aber wirkungsvoll ergänzen.

daher keine Möglichkeit hätten, Einzelgräber auf Gedenkfriedhöfe umzubetten, und dass die Friedhöfe nicht offiziell zur Pflege an deutsche Behörden übergeben worden wären[9]. Aus der französischen und der britischen Besatzungszone kamen recht detaillierte Angaben zu den Grabstätten, doch auch hier gilt es zu berücksichtigen, dass man bei der Zusammenstellung der Opferlisten die Unterlagen der WASt nicht in vollem Umfang verwendet hat. Das hatte zweierlei Gründe: Zum einen waren Erfassungsunterlagen der WASt über sowjetische Kriegsgefangene bereits im Sommer 1945 an die Sowjetunion übergeben worden, aber für die Öffentlichkeit und selbst für Mitarbeiter der SMAD nicht zugänglich, und zum anderen hatten weder sowjetische Einrichtungen noch deutsche Selbstverwaltungsorgane Zugriff auf die Unterlagen sowjetischer Kriegsgefangener aus Lagern, die von den Alliierten befreit worden waren. Bis heute gibt es leider keine Möglichkeit, mit diesen Dokumenten zu arbeiten, denn der UdSSR wurden hauptsächlich Unterlagen der WASt-Zentralkartei, nicht aber die Registraturunterlagen der Lager übergeben. Besonders wenig Material wurde seinerzeit zu den Lagern übergeben, in denen nicht ausschließlich sowjetische, sondern auch Kriegsgefangene der westlichen Alliierten untergebracht gewesen waren.

Deshalb ist es erst in den letzten Jahren gelungen, auf der Basis von Unterlagen der SMAD, der WASt, des Internationalen Suchdiensts in Bad Arolsen und des Volksbunds Deutsche Kriegsgräberfürsorge die Namen von Tausenden Opfern zu ermitteln, die bislang namenlos auf deutschen Friedhöfen ruhten. Dazu haben unter anderem die politisch bedeutsamen Entscheidungen Russlands, der Ukraine und der Republik Belarus beigetragen, im Rahmen unseres Projekts den Zugang zu Kriegsgefangenen-Dokumenten freizugeben, sowie der Beschluss der Europäischen Institute, Zugang zu den Archiven des Internationalen Suchdiensts zu gewähren. Wichtig war auch die Unterstützung durch den Volksbund[10]. Insgesamt gibt es in Deutschland nach vorsichtigen Schätzungen mindestens 600.000 Grabstätten sowjetischer Bürger. Es steht also noch eine enorme Arbeit bevor, sie alle namentlich zuzuordnen und die Ergebnisse den Angehörigen und der Öffentlichkeit zugänglich zu machen.

---

[9] GARF, fond 7317, op. 20, d. 2. Bl. 65 ff., hier Bl. 67, Bericht über die Tätigkeit der Offiziere sowjetischer Repatriierungsmissionen in den Westzonen Deutschlands in Bezug auf die Kontrolle des Fortgangs der Übergabe und Instandsetzung von Friedhöfen und Grabstätten vom 14.7.1950.
[10] Vgl. Narben bleiben. Die Arbeit der Suchdienste – 60 Jahre nach dem Zweiten Weltkrieg, hrsg. von der Stiftung Sächsischer Gedenkstätten u. a., Garching 2005.

Felicitas Claus
Quelleneditionen, Erinnerungen und Darstellungen
Ein Verzeichnis

1. Nachschlagewerke, Inventare, Bestands- und Zugangsbeschreibungen

Benz, Wolfgang (Hrsg.), Deutschland unter alliierter Besatzung: 1945–1949/55. Ein Handbuch, Berlin 1999.
Broszat, Martin/Weber, Hermann (Hrsg.), SBZ-Handbuch. Staatliche Verwaltungen, Parteien, gesellschaftliche Organisationen und ihre Führungskräfte in der Sowjetischen Besatzungszone Deutschlands 1945–1949, München 1990.
Brunner, Detlev (Bearb.), Inventar der Befehle der Sowjetischen Militäradministration Mecklenburg(-Vorpommern) 1945–1949, München 2003.
Filippovych, Dmitrij Nikolaevič/Chajnemann [Heinemann], Manfred, Kto byl kto v sovetskoj voennoj administracii v Germanii 1945–1949 [Wer war wer in der SMAD 1945–1949], kratkij biografičeskij spravočnik [Ein kurzes biografisches Nachschlagewerk], Moskau 1999.
Föderaler Archivdienst Russlands, Bundesarchiv und Staatsarchiv der Russischen Föderation (Hrsg.), Sachthematisches Inventar zur Kulturpolitik der Sowjetischen Militäradministration in Deutschland (SMAD) 1945–1949, Koblenz 2002.
Foitzik, Jan (Bearb.), Inventar der Befehle des Obersten Chefs der Sowjetischen Militäradministration in Deutschland (SMAD) 1945–1949. Offene Serie, München 1995.
Geßner, Klaus, Zur Überlieferung der Befehle der Sowjetischen Militäradministration des Landes Brandenburg, in: Brunner, Detlev/Müller, Werner/Röpcke, Andreas (Hrsg.), Land – Zentrale – Besatzungsmacht. Landesverwaltung und Landesregierung in der Sowjetischen Besatzungszone, Frankfurt a.M. 2003, S. 201–213.
Geßner, Klaus/Zacharov, Vladimir Vladimirovič (Bearb.), Inventar der Offenen Befehle der Sowjetischen Militäradministration des Landes Brandenburg. Nach der Überlieferung im Staatsarchiv der Russischen Föderation, Frankfurt a.M. u.a. 2002.
Kozlov, Vladimir Petrovič, Problemy dostupa v Archivy i ich ispol'zovanija [Probleme des Zugangs zu den Archiven und ihrer Nutzung], in: Novaja i novejšaja istorija 5 (2003), S. 79–103.
Kreikamp, Hans-Dieter (Hrsg.), Quellen zur staatlichen Neuordnung Deutschlands 1945–1949, Darmstadt 1994.
Meller [Möller], Chorst [Horst]/Čubar'jan, Alexandr Oganovič (Hrsg.), Sovetskaja voennaja administracija v Germanii 1945–1949 [Die Sowjetische Militäradministration in Deutschland 1945–1949]. Otv. Red.: Jan Fojtcik [Redaktion: Jan Foitzik], Moskau 2009.
Möller, Horst/Tschubarjan, Alexandr O. (Hrsg.), SMAD-Handbuch. Die Sowjetische Militäradministration in Deutschland 1945–1949. Redaktion: Jan Foitzik, München 2009.

Petrov, Nikita Vasil'evič, Die sowjetischen Geheimdienstmitarbeiter in Deutschland. Der leitende Personalbestand der Staatssicherheitsorgane der UdSSR in der Sowjetischen Besatzungszone Deutschlands und der DDR von 1945–1954. Biografisches Nachschlagewerk, Berlin 2010.
Scherstjanoi, Elke/Laufer, Jochen, Erste Schritte zur Öffnung des Bestandes der Sowjetischen Militäradministration in Deutschland (SMAD). Einblicke in die Praxis der sowjetischen Reparationspolitik, in: Archivmitteilungen 40 (1990), S. 172–175.
Schlombs, Siegfried, Quellen im Staatsarchiv Schwerin zum Wirken der Sowjetischen Militäradministration Mecklenburg, in: Archivmitteilungen 35 (1985), S. 45f.
Weisz, Christoph (Hrsg.), OMGUS Handbuch. Die amerikanische Militärregierung in Deutschland 1945–1949, München ²1995.

2. Amtliche Drucksachen

Akten und Verhandlungen des Landtags der Mark Brandenburg: Sitzungsberichte und Verhandlungen der Landtage der Sowjetischen Besatzungszone [1946–1950], Bd. 1: Sitzungsprotokolle, Bd. 2: Landtagsdrucksachen, Frankfurt a. M. 1992.
Akten und Verhandlungen des Landtags der Provinz Sachsen-Anhalt 1946–1952, Bde 1.1 und 1.2: Sitzungsprotokolle [1946–1950], Bd. 2: Landtagsdrucksachen [1946–1950], Frankfurt a. M. 1992.
Akten und Verhandlungen des Landtags des Landes Mecklenburg-Vorpommern 1946–1952, Bde 1.1 und 1.2: Sitzungsprotokolle [1946–1950], Bd. 2: Landtagsdrucksachen [1946–1950], Frankfurt a. M. 1992.
Akten und Verhandlungen des Thüringer Landtags 1946–1952, 3 Teilbde: Sitzungsprotokolle 1946–1950, Frankfurt a. M. 1992.
Amtsblatt der Landesverwaltung Mecklenburg-Vorpommern, Schwerin 1946/47.
Befehle des Obersten Chefs der Sowjetischen Militärverwaltung in Deutschland. Aus dem Stab der Sowjetischen Militärverwaltung in Deutschland, H. 1: 1945, H. 2: Januar bis Juni 1946, Berlin 1945/46.
Die Berliner Konferenz der Drei Mächte, der Alliierte Kontrollrat für Deutschland, die Alliierte Kommandantur der Stadt Berlin, H. 1: Kommuniques, Deklarationen, Proklamationen, Gesetze, Befehle 1945, H. 2: Kommuniques, Deklarationen, Proklamationen, Gesetze, Befehle Januar bis Juni 1946, Berlin 1945/46.
Gesetz- und Verordnungsblatt des Landes Brandenburg, Potsdam 1947–1949.
Gesetz- und Verordnungsblatt Land Sachsen. Nr. 1–8, Dresden 1945–1952.
Gesetzblatt des Landes Sachsen-Anhalt, Halle 1947/48.
Official bulletin of the Allied Kommandatura Berlin, Berlin 1947/48.
Official gazette of the Control Council for Germany, Berlin 1945–1948.
Regierungsblatt für das Land Thüringen, 3 Teile, Weimar 1945–1949.
Regierungsblatt für Mecklenburg, Schwerin 1945–1948.
Sächsischer Landtag. Stenographische Protokolle, Dresden 1947/48 und 1950.
Verordnungsblatt der Provinzialverwaltung Mark Brandenburg, Potsdam 1945–1947.
Verordnungsblatt der Stadt Berlin, Berlin 1945–1950.
Verordnungsblatt für die Provinz Sachsen, Halle 1945/46.
Zentralverordnungsblatt, Berlin 1947–1949.

3. Dokumenteneditionen

Badstübner, Rolf/Loth, Wilfried (Hrsg.), Wilhelm Pieck – Aufzeichnungen zur Deutschlandpolitik 1945–1953, Berlin 1994.
Befehle der SMAD zum Gesundheits- und Sozialwesen. Dokumentensammlung, Berlin 1976.
Benser, Günter/Krusch, Hans-Joachim (Hrsg.), Dokumente zur Geschichte der kommunistischen Bewegung in Deutschland. Reihe 1945/46, München u. a. 1993–1997.
Berichte der Landes- und Provinzialverwaltungen zur antifaschistisch-demokratischen Umwälzung 1945/46. Quellenedition, Berlin 1989.
Berlin. Quellen und Dokumente 1945–1951, Berlin 1964.
Białecki, Tadeusz (Bearb.), Stettin 1945–1946. Dokumente – Erinnerungen. [Szczecin 1945–1946. Dokumenty – wspomnienia], Rostock 1994.
Bonveč [Bonwetsch], Bernd/Bordjugov, Gennadij Arkad'evič/Najmark [Naimark], Norman M. (Hrsg.), Sovetskaja Voennaja Administracija v Germanii (SVAG): upravlenie propagandy (informacii) i S. I. Tjul'panov 1945–1949, sbornik dokumentov [Die SMAD. Die Verwaltung für Propaganda (für Information) und S. I. Tjulpanow 1945–1949, Dokumentensammlung], Moskau ²2006.
Bonwetsch, Bernd/Bordjugow, Gennadi/Naimark, Norman M. (Hrsg.), Sowjetische Politik in der SBZ. Dokumente zur Tätigkeit der Propagandaverwaltung (Informationsabteilung) der SMAD unter Sergei Tjul'panov, Bonn 1998.
Brunner, Detlev (Bearb.), Die Landesregierung in Mecklenburg-Vorpommern unter sowjetischer Besatzung 1945 bis 1949. Eine Quellenedition, Bd. 1: Die ernannte Landesverwaltung, Mai 1945 bis Dezember 1946, Bremen 2003.
Deuerlein, Ernst, Die Einheit Deutschlands, Bd. 1: Die Erörterungen und Entscheidungen der Kriegs- und Nachkriegskonferenzen 1941–1949. Darstellung und Dokumente, Frankfurt a. M./Berlin ²1961.
Deutscher Bundestag (Hrsg.), Materialien der Enquete-Kommission „Aufarbeitung von Geschichte und Folgen der SED-Diktatur in Deutschland" (12. Wahlperiode des Deutschen Bundestags), 9 Bde. in 18 Teilbdn., davon insbesondere Bde. II/1–4, III/1–3, IV und V/1–3, Baden-Baden u. a. 1995.
Deutscher Bundestag (Hrsg.), Materialien der Enquete-Kommission „Überwindung der Folgen der SED-Diktatur im Prozeß der Deutschen Einheit" (13. Wahlperiode des Deutschen Bundestags), 8 Bände in 14 Teilbdn., davon insbesondere Bd. IV/2, Baden-Baden u. a. 1999.
Die Potsdamer (Berliner) Konferenz der höchsten Repräsentanten der drei alliierten Mächte – UdSSR, USA und Großbritannien: 17. Juli – 2. August 1945. Dokumentensammlung, Moskau/Berlin 1986.
Dokumente der Sozialistischen Einheitspartei Deutschlands: Beschlüsse und Erklärungen des Zentralkomitees sowie seines Politbüros und seines Sekretariats, Bd. 2, Berlin ³1952.
Dokumente zur Außenpolitik der Regierung der DDR, Bde. 1–5 (1949–1957), Berlin 1954, 1956 und 1958.
Dokumente zur Deutschlandpolitik der Sowjetunion, Bde. 1 und 2 (1945–1954), Berlin 1957.
Dokumente zur Deutschlandpolitik, Reihe 1, Bd. 5: Europäische Beratende Kommission 15. Dezember 1943 bis 31. August 1945, Frankfurt a. M. 2003.

Erler, Peter/Laude, Horst/Schroeder, Klaus (Hrsg.), „Nach Hitler kommen wir!" Dokumente zur Programmatik der Moskauer KPD-Führung 1944/45 für Nachkriegsdeutschland, Berlin 1994.
Fischer, Alexander (Hrsg.), Teheran, Jalta, Potsdam. Die sowjetischen Protokolle von den Kriegskonferenzen der „Großen Drei", Köln ³1985.
Foitzik, Jan (Hrsg.), Sowjetische Interessenpolitik in Deutschland 1944–1954. Dokumente, München 2012.
Foitzik, Jan (Hrsg.), Sowjetische Kommandanturen und deutsche Verwaltung in der SBZ und frühen DDR. Dokumente, Berlin u.a. 2015.
Foitzik, Jan/Petrow, Nikita W. (Bearb.), Die sowjetischen Geheimdienste in der SBZ/DDR von 1945 bis 1953, Berlin 2009.
Fojtcik [Foitzik], Jan (Hrsg.), Sovetskaja politika v otnošenii Germanii 1944–1954. Dokumenty [Die sowjetische Politik gegenüber Deutschland 1944–1954. Dokumente], Moskau 2011.
Fojtcik [Foitzik], Jan/Petrov, Nikita Vasil'evič (Bearb.), Apparat NKVD-MGB v Germanii [Der Apparat des NKWD-MGB in Deutschland], Moskau 2009.
Geschichte des Staates und des Rechts der DDR, Bd.1: Dokumente 1945–1949, Berlin 1984.
Geßner, Klaus (Bearb.), Befehle der Sowjetischen Militäradministration des Landes Brandenburg 1945–1949, Frankfurt a.M. u.a. 1997.
Glaser, Günther (Hrsg.), „Reorganisation der Polizei" oder getarnte Bewaffnung der SBZ im Kalten Krieg? Dokumente und Materialien zur sicherheits- und militärpolitischen Weichenstellung in Ostdeutschland 1948/49, Frankfurt a.M. u.a. 1995.
Handel, Gottfried/Köhler, Roland (Hrsg.), Dokumente der Sowjetischen Militäradministration in Deutschland zum Hoch- und Fachhochschulwesen 1945–1949, Berlin 1975.
Karlsch, Rainer/Boch, Rudolf (Hrsg.), Uranbergbau im Kalten Krieg: die Wismut im sowjetischen Atomkomplex, Bd. 2: Dokumente, Berlin 2011.
Keiderling, Gerhard (Hrsg.), „Gruppe Ulbricht" in Berlin, April bis Juni 1945. Von den Vorbereitungen im Sommer 1944 bis zur Wiedergründung der KPD im Juni 1945. Eine Dokumentation, Berlin 1993.
Kynin, Georgij Pavlovič/Laufer, Jochen (Bearb.), SSSR i germanskij vopros 1941–1949: dokumenty iz Archiva vnešnej politiki Rossijskoj Federazii [Die UdSSR und die deutsche Frage 1941–1949: Dokumente aus dem Archiv für Außenpolitik der Russischen Föderation], Bde. 1–4 (22.6.1941 – 5.11.1949), Moskau 1996, 2000, 2003 und 2012.
Laufer, Jochen/Kynin, Georgij Pavlovič (Hrsg.), Die UdSSR und die deutsche Frage 1941–1949. Dokumente aus dem Archiv für Außenpolitik der Russischen Föderation. Bde. 1–4: 22.6.1941 – 5.11.1949, Berlin 2004 und 2012.
Meller [Möller], Chorst [Horst]/Čubar'jan, Alexandr Oganovič (Hrsg.), Politika SVAG v oblasti kul'tury, nauki i obrazovanija: celi, metody, rezul'taty 1945–1949: sbornik dokumentov [Die Politik der SMAD im Bereich Kultur, Wissenschaft und Bildung: Ziele, Methoden, Resultate 1945–1949. Dokumentensammlung], Moskau 2006.
Ministerium für Auswärtige Angelegenheiten der DDR/Ministerium für Auswärtige Angelegenheiten der UdSSR (Hrsg.), Um ein antifaschistisch-demokratisches Deutschland. Dokumente aus den Jahren 1945–1949, Berlin 1968.

Ministerrat der Deutschen Demokratischen Republik/Ministerium für Gesundheitswesen (Hrsg.), Die Bedeutung der Befehle der SMAD für den Aufbau des sozialistischen Gesundheitswesens der Deutschen Demokratischen Republik. Dokumentation, Berlin 1967.
Mironenko, Sergej Vladimirovič (Red.), Special'nye lagerja NKVD MVD SSSR v Germanii 1945–1950 gg.: sbornik dokumentov i statej [Speziallager des NKWD/ MWD der UdSSR in Deutschland 1945–1949. Dokumente und Artikel], Moskau 2001.
Mironenko, Sergej/Niethammer, Lutz/Plato, Alexander von (Hrsg.), Sowjetische Speziallager in Deutschland 1945 bis 1950, Bd. 1: Studien und Berichte, Bd. 2: Sowjetische Dokumente zur Lagerpolitik, Berlin 1998.
Möller, Horst/Tschubarjan, Alexandr O. (Hrsg.), Die Politik der Sowjetischen Militäradministration in Deutschland (SMAD): Kultur, Wissenschaft und Bildung 1945–1949. Ziele, Methoden, Ergebnisse. Dokumente aus russischen Archiven, München 2005.
Molotov, Vjačeslav Michajlovič, Voprosy vnešnej politiki: Reči i zajavlenija. Aprel' 1945–ijul' 1948 [Fragen der Außenpolitik. Reden und Erklärungen. April 1945 – Juni 1948], Moskau 1945.
Nevežin, Vladimir Aleksandrovič (Bearb.), Zastol'nye reči Stalina. Dokumenty i materialy [Die Tischgespräche Stalins. Dokumente und Materialien], Moskau/St. Petersburg 2003.
Oleschinski, Brigitte/Pampel, Bert, „Feindliche Elemente sind in Gewahrsam zu halten". Die sowjetischen Speziallager Nr. 8 und Nr. 10 in Torgau 1945–1948, Leipzig ²2002.
Petrov, Nikita Vasil'evič (Bearb.), SVAG i nemeckie organy samoupravlenija 1945–1949. Sbornik dokumentov [Die SMAD und die deutschen Organe der Selbstverwaltung 1945–1949. Dokumentensammlung], Moskau 2006.
Rößler, Ruth-Kirstin (Hrsg.), Die Entnazifizierungspolitik der KPD/SED 1945–1948. Dokumente und Materialien, Goldbach 1994.
Scherstjanoi, Elke, „Wir werden uns oft treffen." Der Auftakt der Besatzungsherrschaft in Mecklenburg-Vorpommern am 12. Juli 1945, in: Zeitgeschichte regional. Mitteilungen aus Mecklenburg-Vorpommern 2 (2011), S. 66–72.
Scherstjanoi, Elke, Das SKK-Statut. Zur Geschichte der Sowjetischen Kontrollkommission in Deutschland 1949 bis 1953, München 1998.
Scherstjanoi, Elke, Gegen eine „völlige Sowjetisierung der Ostzone". Neues zur Amtsniederlegung des Ministerpräsidenten von Sachsen-Anhalt, Dr. Ehrhard Hübener (LDP), im Sommer 1949, in: GiW 9 (1994), S. 197–223.
Scherstjanoi, Elke/Semmelmann, Rolf, Die Gespräche Stalins mit der SED-Führung im Dezember 1948 und im April 1952, 2 Teile, in: ZfG 52 (2004), S. 138–166 und S. 238–269.
Steininger, Rolf, „Dieser Vorfall bedeutet die Spaltung Deutschlands". Neue Dokumente zur Münchener Ministerpräsidenten-Konferenz im Juni 1947, in: GiW 7 (1992), S. 213–230.
Thüsing, Andreas (Hrsg.), Das Präsidium der Landesverwaltung Sachsen. Die Protokolle der Sitzungen vom 9. Juli 1945 bis 10. Dezember 1946, Göttingen 2010.
Über „die Russen" und über uns. Diskussion über ein brennendes Thema, Berlin 1948.

Vollnhals, Clemens (Hrsg.), Entnazifizierung: Politische Säuberung und Rehabilitierung in den vier Besatzungszonen 1945–1949. In Zusammenarbeit mit Thomas Schlemmer, München 1991.
Wettig, Gerhard (Hrsg.), Der Tjulpanov-Bericht. Sowjetische Besatzungspolitik in Deutschland nach dem Zweiten Weltkrieg, Göttingen 2012.
Wilk, Werner/Wagner Rudi, Ein Jahr Bewährung der Mark Brandenburg: Rückblick und Rechenschaft, Potsdam 1946.
Zacharov, Vladimir Vladimirovič (Hrsg.), Dejatel'nost' Upravlenija SVAG po izučeniju dostiženij nemeckoj nauki i techniki v Sovetskoj zone okkupacii Germanii. 1945–1949 gg.: Sbornik dokumentov [Die Tätigkeit der Verwaltung der SMAD für das Studium der Errungenschaften der deutschen Wissenschaft und Technik in der Sowjetischen Besatzungszone Deutschlands. 1945–1949: Dokumente], Moskau 2007.
Zacharov, Vladimir Vladimirovič (Hrsg.), Dejatel'nost' sovetskich voennych komendatur po likvidacii posledstvij vojny i organizacii mirnoj žizni v Sovetskoj zone okkupacii Germanii 1945–1949: sbornik dokumentov [Die Tätigkeit der sowjetischen Militärkommandanturen zur Beseitigung der Kriegsfolgen und zur Organisation eines friedlichen Lebens in der sowjetischen Zone des besetzten Deutschlands], Moskau 2005.
Zacharov, Vladimir Vladimirovič/Filippovych, Dmitrij Nikolaevič/Chajnemann [Heinemann], Manfred, Materialy po istorii Sovetskoj voennoj administracii v Germanii 1945–1949 gg: naučno-spravočnoe izdanie [Materialien zur Geschichte der sowjetischen Militäradministration in Deutschland 1945–1949: Wissenschaftliches Nachschlagewerk], 2 Teile, Moskau 1998/99.
Zolotarev, Vladimir Antonovič (Bearb.), Russkij archiv. Velikaja Otečestvennaja [Russisches Archiv. Der große Vaterländische Krieg], Bd. 4(5): Bitva za Berlin. Krasnaja Armija v poveržennoj Germanii, dokumenty i materialy [Die Schlacht um Berlin. Die Rote Armee im besiegten Deutschland. Dokumente und Materialien], Moskau 1995.

4. Aufzeichnungen und Erinnerungen politischer Akteure

Bejdin, Ivan Andreevič, Erinnerungen an die Arbeit der sowjetischen Kontrollorgane in Deutschland. Die Jugend-, Bildungs- und Parteienpolitik der SMAD in der Sowjetischen Besatzungszone, in: Bildung und Erziehung 45 (1992), S. 417–432.
Bokov, Fedor Efimovič, Vesna pobedy [Das Frühjahr des Sieges], Moskau 1979.
Bokow, Fjodor Jefimowitsch, Frühjahr des Sieges und der Befreiung, Berlin 1979.
Čujkov, Vasilij Ivanovič, Konec tret'ego rejcha [Das Ende des Dritten Reiches], Moskau 1975.
Doernberg, Stefan, Befreiung 1945. Ein Augenzeugenbericht, Berlin 1975.
Doernberg, Stefan, Fronteinsatz. Erinnerungen eines Rotarmisten, Historikers und Botschafters, Berlin 2004.
Dymšic, Aleksandr L'vovič, Ein unvergeßlicher Frühling: Literarische Porträts und Erinnerungen, Berlin 1970.
Falin, Valentin, Politische Erinnerungen, München 1993.
Gall, Wladimir Samoilowitsch, Mein Weg nach Halle, Berlin 1988; als unzensierte Fassung: Moskau – Spandau – Halle. Etappen eines Lebenswegs, Schkeuditz 2000.
Gorbatov, Aleksandr Vasil'evič, Gody i voiny [Jahre und Kriege], Moskau 1965.

Kolesničenko, Ivan Sazonovič, Bitva posle vojny [Die Schlacht nach dem Kriege], Moskau 1987.
Korol'kov, Jurij Michajlovič, V Germanii posle vojny: zapiski korrespondenta [In Deutschland nach dem Kriege. Aufzeichnungen eines Korrespondenten], Moskau 1951.
Kotljar, Nikolaj Michajlovič, Imenem zakona [Im Namen des Gesetzes], Moskau 1981.
Koval', Konstantin Ivanovič, Poslednij svidetel' „Germanskaja karta" v cholodnoj vojne [Der letzte Zeuge. „Deutschlandkarte" im Kalten Krieg], Moskau 1997.
Malinovskij, L. M., Aus den Erfahrungen eines Referenten der SMAD 1947/1948, in: BZG 22 (1980), S. 394–401.
Nikitin, Pjotr I., Zwischen Dogma und gesundem Menschenverstand: Wie ich die Universitäten der deutschen Besatzungszone „sowjetisierte". Erinnerungen des Sektorenleiters Hochschulen und Wissenschaft der Sowjetischen Militäradministration in Deutschland, Berlin 1997.
Semirjaga, Michail Ivanovič, Kak my upravljali Germaniej: politika i žizn' [Wie wir Deutschland verwalteten. Politik und Leben], Moskau 1995.
Semjonow, Wladimir Semjonowitsch, Von Stalin bis Gorbatschow. Ein halbes Jahrhundert in diplomatischer Mission 1939–1991, Berlin 1995.
Spiridonow, Ilja I., Als Kommandant in Dresden, in: Wehner, Helfried (Hrsg.), Kampfgefährten – Weggenossen. Erinnerungen deutscher und sowjetischer Genossen an die ersten Jahre der antifaschistisch-demokratischen Umwälzung, Berlin 1974, S. 155–173.
Tjulpanow, Sergej I., Erinnerungen an deutsche Freunde und Genossen, Berlin/Weimar 1984.
Tjulpanow, Sergej I., Deutschland nach dem Kriege (1945–1949). Erinnerungen eines Offiziers der Sowjetarmee, Berlin 1986.
Žukov, Georgij Konstantinovič, Erinnerungen und Gedanken [Vospominanija i razmyšlenija], Berlin 1969.
Žukov, Georgij Konstantinovič, Vospominanija i razmyšlenija: v dvuch tomach [Erinnerungen und Gedanken: in zwei Bänden], Moskau 2002.

5. Aufzeichnungen und Erinnerungen anderer Zeitzeugen aus den Reihen der Besatzer

Abysov, Vladimir, Berlin, vesna, god 1945-j [Berlin, Frühling, 1945], in: Junost 5 (1968), S. 51–57.
Agafonow, Alexander, Erinnerungen eines notorischen Deserteurs, Berlin 1993.
Bogomolow, Alexander, Ohne Protokoll: Amüsantes und Bitteres aus der Arbeit eines sowjetischen Diplomaten in Deutschland, Berlin 1999.
Gelfand, Wladimir, Deutschland-Tagebuch 1945–1946. Aufzeichnungen eines Rotarmisten, Berlin 2005.
Heinemann, Manfred (Hrsg.), Hochschuloffiziere und Wiederaufbau des Hochschulwesens in Deutschland 1945–1949. Die sowjetische Besatzungszone, Berlin 2000 [mit Interviews und Textbeiträgen von Jurij W. Bassistow, Iwan A. Bejdin, Dmitrij N. Filippowich, Pjotr I. Nikitin u. a.].
Plimak, Evgenij, Na vojne i posle vojny. Zapiski veterana [Im Krieg und nach dem Krieg. Aufzeichnungen eines Veteranen], Moskau 2005.

Rževskaja, Elena Moiseevna, Berlin, maj 1945. Zapiski voennogo perevodčika [Berlin, Mai 1945. Aufzeichnungen eines Militärdolmetschers], Moskau 1965.

6. Monografien

Badstübner, Rolf, Friedenssicherung und deutsche Frage. Vom Untergang des „Reiches" bis zur deutschen Zweistaatlichkeit (1943 bis 1949), Berlin 1990.
Badstübner, Rolf, Vom „Reich" zum doppelten Deutschland. Gesellschaft und Politik im Umbruch, Berlin 1999.
Bailey, George/Kondraschow, Sergej A./Murphy, David E., Die unsichtbare Front. Der Krieg der Geheimdienste im geteilten Berlin, Berlin 1997.
Beck, Stefan von der, Die Konfiskationen in der Sowjetischen Besatzungszone von 1945 bis 1949. Ein Beitrag zu Geschichte und Rechtsproblemen der Enteignungen auf besatzungsrechtlicher und besatzungshoheitlicher Grundlage, Frankfurt a. M. 1996.
Beyer, Klaus u. a., Wismut – „Erz für den Frieden", Marienberg 1995.
Brunner, Detlev, Der Schein der Souveränität. Landesregierung und Besatzungspolitik in Mecklenburg-Vorpommern 1945–1949, Köln u. a. 2006.
Creuzberger, Stefan, Die sowjetische Besatzungsmacht und das politische System der SBZ, Weimar u. a. 1996.
Doernberg, Stefan, Die Geburt eines neuen Deutschland 1945–1949, Berlin 1959.
Filippovych, Dmitrij Nikolaevič, Sovetskaja voennaja administracija v Germanii: voenno-političeskij aspekt dejatel'nosti (1945–1949gg.) [Die SMAD. Militärpolitischer Aspekt ihrer Tätigkeit Jahre 1945–1949], Moskau 1995.
Filitov, Aleksej Mitrofanovič, Germanskij vopros: ot raskola k ob"edineniju, novoe pročtenie [Die deutsche Frage: Von der Teilung bis zur Wiedervereinigung. Eine neue Sichtweise], Moskau 1993.
Fippel, Günter, Demokratische Gegner und Willküropfer von Besatzungsmacht und SED in Sachsenhausen (1946 bis 1950). Das sowjetische Speziallager Sachsenhausen – Teil des Stalinistischen Lagerimperiums, Leipzig 2008.
Fisch, Jörg, Reparationen nach dem Zweiten Weltkrieg, München 1992.
Foitzik, Jan, Sowjetische Militäradministration in Deutschland (SMAD) 1945–1949. Struktur und Funktion, Berlin 1999.
Greiner, Bettina, Verdrängter Terror. Geschichte und Wahrnehmung sowjetischer Speziallager in Deutschland, Hamburg 2010.
Halder, Winfried, „Modell für Deutschland". Wirtschaftspolitik in Sachsen 1945–1948, Paderborn u. a. 2001.
Haritonow, Alexander, Sowjetische Hochschulpolitik in Sachsen 1945–1949, Weimar u. a. 1995.
Hartisch, Torsten, Die Enteignung von „Nazi- und Kriegsverbrechern" im Land Brandenburg. Eine verwaltungsgeschichtliche Studie zu den SMAD-Befehlen Nr. 124 vom 30. Oktober 1945 bzw. Nr. 64 vom 17. April 1948, Frankfurt a. M. u. a. 1998.
Hilger, Andreas/Schmeitzner, Mike/Schmidt, Ute (Hrsg.), Sowjetische Militärtribunale, Bd. 2: Die Verurteilung deutscher Zivilisten 1945–1955, Köln 2003.
Jeske, Natalja, Lager in Neubrandenburg-Fünfeichen 1939–1948: Kriegsgefangenenlager der Wehrmacht, Repatriierungslager, Sowjetisches Speziallager, Schwerin 2013.
Karlsch, Rainer, Allein bezahlt? Die Reparationsleistungen der SBZ/DDR 1945–53, Berlin 1993.

Kirsten, Holm, Das sowjetische Speziallager Nr. 4 Landsberg/Warthe, Göttingen 2005.
Knyševskij, Pavel Nikolaevič, Dobyča: tajny germanskich reparacij [Beute: Geheimnisse deutscher Reparationen], Moskau 1994.
Köhler, Roland, Die Zusammenarbeit der SED mit der SMAD bei der antifaschistisch-demokratischen Erneuerung des Hochschulwesens (1945–1949), Berlin 1983.
Kölm, Lothar, Die Befehle des Obersten Chefs der Sowjetischen Militäradministration in Deutschland 1945–1949. Eine analytische Untersuchung, Berlin 1977.
Kuby, Erich, Die Russen in Berlin 1945, Rastatt 1965.
Kühr, Rüdiger, Die Reparationspolitik der UdSSR und die Sowjetisierung des Verkehrswesens der SBZ. Eine Untersuchung der Entwicklung der Deutschen Reichsbahn 1945–1949, Bochum 1996.
Laufer, Jochen, Pax Sovietica. Stalin, die Westmächte und die deutsche Frage 1941–1945, Berlin 2009.
Lisse, Albert, Handlungsspielräume deutscher Verwaltungsstellen bei den Konfiskationen in der SBZ 1945–1949. Zum Verhältnis zwischen deutschen Verwaltungsstellen und der Sowjetischen Militäradministration in Deutschland (SMAD), Stuttgart 2003.
Loth, Wilfried, Stalins ungeliebtes Kind. Warum Moskau die DDR nicht wollte, Berlin 1994.
Ložkin, Anatolij Grigor'evič, Pravo pobeditelej: pravovaja dejatel'nost' Sovetskoj voennoj administracii v Germanii 1945–1949 gg. [Das Recht des Siegers. Die rechtliche Tätigkeit der SMAD 1945–1949], Moskau 2006.
Mai, Gunther, Der Alliierte Kontrollrat in Deutschland 1945–1948. Alliierte Einheit – Deutsche Teilung?, München 1995.
Malycha, Andreas, Die SED. Geschichte ihrer Stalinisierung 1946–1953, Paderborn 2000.
Meissner, Boris, Russland, die Westmächte und Deutschland 1943–1953, Hamburg 1953.
Mick, Christoph, Forschen für Stalin. Deutsche Fachleute in der sowjetischen Rüstungsindustrie 1945–58, München u. a. 2000.
Mußgnug, Dorothee, Alliierte Militärmissionen in Deutschland 1946–1990, Berlin 2001.
Naimark, Norman M., Die Russen in Deutschland. Die sowjetische Besatzungszone 1945–1949, Berlin 1997.
Peterson, Edward Norman, Russian commands and German resistance. The Soviet occupation 1945–1949, New York u. a. 1999.
Petrov, Nikita Vasil'evič, Po scenariju Stalina: rol' organov NKVD-MGB SSSR v sovetizacii stran Central'noj i Vostočnoj Evropy, 1945–1953 gg. [Nach Stalins Szenarium: Rolle des NKWD-MGB der UdSSR in der Sowjetisierung Mittel- und Osteuropas 1945–1953], Moskau 2011.
Pike, David, The Politics of Culture in Soviet Occupied Germany 1945–1949, Stanford 1992.
Range, Hans-Peter, Das Konzentrationslager Fünfeichen 1945–1948, Ratzeburg 1989.
Ritscher, Bodo, Spezlager Nr. 2 Buchenwald. Zur Geschichte des Lagers Buchenwald 1945 bis 1950, Weimar-Buchenwald ²1995.
Satjukow, Silke, Besatzer. „Die Russen" in Deutschland 1945–1994, Göttingen 2008.

Schlegel, Sebastian, Zwischen zentralen Vorgaben und Pragmatismus. Die Hochschul- und Wissenschaftspolitik der Sowjetischen Militäradministration in Deutschland 1945–1949, Jena 2012.
Schulz, Eberhart, Abkehr von innerparteilicher Demokratie. Die Formierung der SED zur „Partei neuen Typus" in Thüringen 1948 bis 1951, Jena 1998.
Semirjaga, Michail Ivanovič, Kak my upravljali Germaniej: politika i žizn' [Wie wir Deutschland verwalteten. Politik und Leben], Moskau 1995.
Slaveski, Filip, The Soviet Occupation of Germany. Hunger, Mass Violence, and the Struggle for Peace, 1945–1947, Cambridge 2013.
Sperk, Alexander, Entnazifizierung und Personalpolitik in der sowjetischen Besatzungszone Köthen/Anhalt. Eine Vergleichsstudie (1945–1948), Dößel 2003.
Stelzl-Marx, Barbara, Stalins Soldaten in Österreich. Die Innenansicht der sowjetischen Besatzung 1945–1955, Graz u. a. 2012.
Strunk, Peter, Zensur und Zensoren. Medienkontrolle und Propagandapolitik unter sowjetischer Besatzungsherrschaft in Deutschland, Berlin 1996.
Trittel, Christina, Die Landtagsfraktionen in Sachsen-Anhalt von 1946 bis 1950. Analyse des landespolitischen Handelns und der Handlungsspielräume kollektiver Akteure in der werdenden DDR, Frankfurt a. M. 2006.
Uhl, Matthias, Stalins V-2. Der Technologietransfer der deutschen Fernlenkwaffentechnik in die UdSSR und der Aufbau der sowjetischen Raketenindustrie 1945 bis 1959, Bonn 2001.
Uhlig, Christa, Rückkehr aus der Sowjetunion. Politische Erfahrungen und pädagogische Wirkungen. Emigranten und ehemalige Kriegsgefangene in der SBZ und frühen DDR, Weinheim 1998.
Viskov, Sergej Il'ič/Kul'bakin, Vasilij Dmitrievič, Sojuzniki i „germanskij vopros": 1945–1949 gg. [Die Alliierten und die „deutsche Frage" 1945–1949], Moskau 1990.
Weigelt, Andreas, „Umschulungslager existieren nicht". Zur Geschichte des sowjetischen Speziallagers Nr. 6 in Jamlitz 1945–1947, Potsdam 2001.
Wettig, Gerhard, Stalins DDR. Entstehung und Entwicklung der kommunistischen Herrschaft 1945–1953, Erfurt 2012.
Wille, Manfred, Entnazifizierung in der Sowjetischen Besatzungszone Deutschlands (1945–1948), Magdeburg 1992.

7. Ungedruckte Dissertationen

Boldyrev, Roman Jur'evič, Sovetskaja okkupacionnaja politika v Vostočnoj Germanii (1945–1949 gg.): Ekonomičeski aspekt [Sowjetische Besatzungspolitik in Ostdeutschland 1945–1949: Ökonomischer Aspekt], Archangelsk 2004.
Filippovych, Dmitrij Nikolaevič, Dejatel'nost' Sovetskoj voennoj administracii v Germanii (1945–1949gg.) [Die Tätigkeit der SMAD 1945–1949], Moskau 1996.
Galdobina, Svetlana Vladimirovna, Molodežnaja politika Sovetskoj voennoj administracii v Germanii v 1945–1949 gg.: istoričeskoe issledovanie [Die Jugendpolitik der Sowjetischen Militäradministration in Deutschland 1945–1949: Eine historische Studie], Moskau 2002.
Hoffmann, Leopold, Die Entwicklung des Außenhandels der Sowjetischen Besatzungszone Deutschlands und die Problematik der Herausbildung des sozialistischen Außenhandelsmonopols als wirtschaftlicher Kommandohöhe der Arbeiterklasse, Berlin 1973.

Jastrebzov, V. N., Sotrudničestvo Sovetskoj voennoj administracii i nemeckich demokratičeskich sil v poslevoennom pereustrojstve Vostočnoj Germanii (1945–1949 gg.) [Die Zusammenarbeit der Sowjetischen Militäradministration und der deutschen demokratischen Kräfte bei der Neugestaltung Ostdeutschlands nach dem Krieg 1945–1949], Kiew 1977.
Kosenko, Oksana N., Sovetskaja voennaja administracija v Germanii i nemeckie archivy v 1945–1949 gg. [Die Sowjetische Militäradministration in Deutschland und die deutschen Archive 1945–1949], Moskau 2010.
Krone, Andreas, Plauen 1945 bis 1949. Vom Dritten Reich zum Sozialismus. Entnazifizierung und personell-struktureller Umbau in kommunaler Verwaltung, Wirtschaft und Bildungswesen, Chemnitz/Zwickau 2001.
Lohse, Wolfgang, Die Politik der Sowjetischen Militäradministration in der sowjetischen Besatzungszone, Halle 1967.
Merker, Wolfgang, Die Deutschen Zentralverwaltungen in der sowjetischen Besatzungszone Deutschlands 1945–1947, Berlin 1980.
Möller, Berith, Der Konflikt von föderalen und zentralen administrativen Strukturen in der Sowjetischen Besatzungszone unter besonderer Beachtung der ordnungspolitischen Entwicklung des Landes Thüringen von 1945 bis 1948, Dresden 1993.
Morozova, Veronika Nikolaevna, Političeskie processy v sovetskoj zone okkupacii (1945–1949 gg.) v obščestvenno-političeskom diskurse sovremennoj Germanii [Politische Prozesse in der Sowjetischen Besatzungszone 1945–1949 im gesellschaftlich-politischen Diskurs des heutigen Deutschland], Woronesch 2004.
Nikitin, A.P., Dejatel'nost' Sovetskoj voennoj administracii po demokratizacii vysšego obrazovanija v Vostočnoj Germanii (1945–1949 gg.) [Die Tätigkeit der SMAD auf dem Gebiet der Demokratisierung der Hochschulbildung in Ostdeutschland 1945–1949], Moskau 1985.
Römhild, Dagmar, Die Hilfe der sowjetischen Bildungsoffiziere bei der antifaschistisch-demokratischen Schulreform in Südthüringen 1945–1949, Jena 1984.
Schützler, Horst, Die Unterstützung und Hilfe der Sowjetarmee für die antifaschistisch-demokratischen Kräfte Berlins in ihrem Kampf um eine demokratische und friedliebende Stadt. April/Mai 1945 bis Oktober 1946, Berlin 1963.
Šolkovič, Z.B., Dejatel'nost' sovetskich voennych komendatur na territorii Vostočnoj Germanii v 1945–1949 gg. [Die Tätigkeit der sowjetischen Militärkommandanturen auf dem Territorium Ostdeutschlands 1945–1949], Moskau 1981.
Strunk, Peter, Pressekontrolle und Propagandapolitik der Sowjetischen Militäradministration in Deutschland (SMAD). Der politische Kontrollapparat der SMAD und das Pressewesen im sowjetischen Besatzungsgebiet Deutschlands (1945–1947), Berlin 1989.

8. Sammelbände

Behring, Rainer/Schmeitzner, Mike (Hrsg.), Diktaturdurchsetzung in Sachsen. Studien zur Genese der kommunistischen Herrschaft 1945–1952, Köln u.a. 2003.
Brunner, Detlev/Müller, Werner/Röpcke, Andreas (Hrsg.), Land – Zentrale – Besatzungsmacht: Landesverwaltung und Landesregierung in der sowjetischen Besatzungszone, Frankfurt a.M. 2003.
Buchheim, Christoph (Hrsg.), Wirtschaftliche Folgelasten des Krieges in der SBZ/DDR, Baden-Baden 1995.

Ciesla, Burghard/Lemke, Michael/Lindenberger, Thomas (Hrsg.), „Sterben für Berlin?" Die Berliner Krisen 1948/1958, Berlin 2000.
Fittkau, Karl-Heinz (Hrsg.), Die Kriminalpolizei in der SBZ/DDR von 1945 bis 1952, Berlin 2013.
Heinemann, Manfred (Hrsg.), Hochschuloffiziere und Wiederaufbau des Hochschulwesens in Deutschland 1945–1949. Die sowjetische Besatzungszone, Berlin 2000.
Henke, Klaus-Dietmar/Woller, Hans (Hrsg.), Politische Säuberung in Europa. Die Abrechnung mit Faschismus und Kollaboration nach dem Zweiten Weltkrieg, München 1991.
Hilger, Andreas (Hrsg.), „Tod den Spionen!" Todesurteile sowjetischer Gerichte in der SBZ/DDR und in der Sowjetunion bis 1953, Göttingen 2006.
Hilger, Andreas (Hrsg.), Diktaturdurchsetzung. Instrumente und Methoden der kommunistischen Machtsicherung in der SBZ/DDR 1945–1955, Dresden 2001.
Hoffmann, Dierk/Wentker, Hermann (Hrsg.), Das letzte Jahr der SBZ. Politische Weichenstellungen und Kontinuitäten im Prozeß der Gründung der DDR, München 2000.
Karlsch, Rainer/Boch, Rudolf (Hrsg.), Uranbergbau im Kalten Krieg. Die Wismut im sowjetischen Atomkomplex, Bd. 1: Studien, Berlin 2011.
Karlsch, Rainer/Laufer, Jochen (Hrsg.), Sowjetische Demontagen in Deutschland 1944–1949. Hintergründe, Ziele und Wirkungen, Berlin 2002.
Karlsch, Rainer/Schröter, Harm (Hrsg.), Strahlende Vergangenheit. Studien zur Geschichte des Uranbergbaus der Wismut, St. Katharinen 1996.
Lemke, Michael (Hrsg.), Sowjetisierung und Eigenständigkeit in der SBZ/DDR (1945–1953), Köln u. a. 1999.
Mehringer, Hartmut/Schwartz, Michael/Wentker, Hermann (Hrsg.), Erobert oder befreit? Deutschland im internationalen Kräftefeld und die sowjetische Besatzungszone (1945/46), München 1999.
Michels, Jürgen/Werner, Jochen/Buch, Hartmut (Hrsg.), Luftfahrt Ost 1945–1990. Geschichte der deutschen Luftfahrt in der Sowjetischen Besatzungszone (SBZ), der Sowjetunion und der Deutschen Demokratischen Republik (DDR), Bonn 1994.
Morré, Jörg u. a., Speziallager des NKWD. Sowjetische Internierungslager in Brandenburg 1945–1950, Potsdam 1997.
Reif-Spirek, Peter/Ritscher, Bodo (Hrsg.), Speziallager in der SBZ. Gedenkstätten mit „doppelter Vergangenheit", Berlin 1999.
Scherstjanoi, Elke (Hrsg.), „Provisorium für längstens ein Jahr". Protokoll des Kolloquiums: Die Gründung der DDR, Berlin 1993.
Stang, Werner (Hrsg.), Brandenburg im Jahr 1945. Studien, Potsdam 1995.

9. Aufsätze

Bassistow, Jurij W., Oberst Tjulpanow und die Bildungs- und Kulturpolitik der Sowjetischen Militäradministration in Deutschland 1945–1949, in: Jahrbuch für Historische Kommunismusforschung 1996, S. 305–317.
Bodensieck, Heinrich, Wilhelm Piecks Moskauer Aufzeichnungen vom „4. 6. 45". Ein Schlüsseldokument für Stalins Deutschlandpolitik?, in: Fischer, Alexander (Hrsg.), Studien zur Geschichte der SBZ/DDR, Berlin 1993, S. 29–55.

Bonwetsch, Bernd/Bordjugow, Gennadij, Die Affäre Tjulpanow. Die Propagandaverwaltung der Sowjetischen Militäradministration im Kreuzfeuer der Kritik 1945–1949, in: Deutsche Studien 31 (1994), S. 247–272.
Bonwetsch, Bernd/Bordjugow, Gennadij, Stalin und die SBZ: Ein Besuch der SED-Führung in Moskau vom 30. Januar – 7. Februar 1947, in: VfZ 42 (1994), S. 279–303.
Braun, Günter, „Regierungsangelegenheiten" in Thüringen im Spannungsfeld von sowjetischer Deutschlandpolitik und SED-Kalkülen 1947, in: BZG 34 (1992) H. 3, S. 67–91.
Braun, Günter, Landesverwaltung in Stellen-Not. Zur sowjetischen Besatzungspraxis und dem Machtanspruch der deutschen Kommunisten in Sachsen, in: GiW 7 (1992), S. 87–98.
Creuzberger, Stefan, Opportunismus oder Taktik? Ernst Lemmer, die sowjetische Besatzungsmacht und der Umgang mit neuen „Schlüsseldokumenten", in: Richter, Michael/Rißmann, Martin (Hrsg.), Die Ost-CDU. Beiträge zur ihrer Entstehung und Entwicklung, Weimar 1995, S. 37–46.
Dähn, Horst, Grundzüge der Kirchenpolitik von SMAD und KPD/SED, in: Mehringer, Hartmut (Hrsg.), Erobert oder befreit?, Deutschland im internationalen Kräftefeld und die Sowjetische Besatzungszone (1945/46), München 1999, S. 147–162.
Donth, Stefan, Die Sowjetische Militäradministration und die CDU in Sachsen 1945–1952. Eine bürgerliche Partei aus dem Blickwinkel der Besatzungsmacht, in: Historisch-politische Mitteilungen 7 (2000), S. 109–133.
Erler, Peter, Zum Wirken der Sowjetischen Militärtribunale (SMT) in der SBZ/DDR 1945–1955, in: Zeitschrift des Forschungsverbundes SED-Staat 2 (1996), S. 51–63.
Filitov, Aleksej Mitrofanovič, SSSR i germanski vopros: povorotnye punkty (1941–1961 gg.) [Die UdSSR und die deutsche Frage. Wendepunkte 1941–1961], in: Egorova, N. I./Čubar'jan, A. O. (Red.): Cholodnaja vojna. 1945–1963 gg. Istoričeskaja retrospektiva [Der Kalte Krieg 1945–1963. Eine historische Retrospektive], Moskau 2003, S. 223–256.
Foitzik, Jan, „Über die Frage, inwieweit die selbständige Existenz der sowjetischen Zone zweckmäßig ist, muss schnellstmöglich entschieden werden". Gutachten der Sowjetischen Militäradministration in Deutschland vom Dezember 1946 mit Bearbeitungsvermerken von Marschall Sokolowski, in: Deutschland Archiv 3 (2003), S. 428–446.
Foitzik, Jan, Befehls- und Kommunikationsstruktur der Sowjetischen Militäradministration in Deutschland (SMAD), in: Schönhoven, Klaus/Staritz, Dietrich (Hrsg.), Sozialismus und Kommunismus im Wandel, Köln 1993, S. 324–351.
Foitzik, Jan, Die Sowjetische Militäradministration in Deutschland. Aspekte ihrer Tätigkeit aus landeshistorischer Sicht, in: Detlev Brunner/Werner Müller/Andreas Röpcke (Hrsg.), Land – Zentrale – Besatzungsmacht. Landesverwaltung und Landesregierung in der Sowjetischen Besatzungszone, Frankfurt a. M. u. a. 2003, S. 171–186.
Foitzik, Jan, Politische Entscheidungsfindung auf dem „kurzen Dienstweg". Stalin und Ulbricht vom Dezember 1945 bis Februar 1946, in: Deutschland Archiv 3 (2009), S. 400–405.
Foitzik, Jan, Sowjetische Militäradministration in Deutschland (SMAD), in: Broszat, Martin/Weber, Hermann (Hrsg.), SBZ-Handbuch. Staatliche Verwaltungen, Par-

teien, gesellschaftliche Organisationen und ihre Führungskräfte in der Sowjetischen Besatzungszone Deutschlands 1945–1949, München 1990, S. 7–69.

Gräfe, Karl-Heinz/Wehner, Helfried, Zur Politik der Sowjetischen Militäradministration in Sachsen. Die Zusammenarbeit zwischen den sowjetischen Besatzungsorganen und der Landesverwaltung Sachsen 1945–1947, in: ZfG 23 (1975), S. 897–907.

Haritonow, Alexandr, Unter Aufsicht. SED und SMAD in Berlin, in: Deutschland Archiv 6 (1996), S. 896–906.

Hecht, Bernhard, Entstehung, Charakter und Bedeutung der Sowjetischen Aktiengesellschaften in Deutschland, in: Zwei Jahrzehnte deutsch-sowjetische Beziehungen von 1945–1965, Berlin 1965, S. 89–104.

Kaiser, Monika, Sowjetischer Einfluß auf die ostdeutsche Politik und Verwaltung 1945–1970, in: Konrad Jarausch/Hannes Siegrist (Hrsg.), Amerikanisierung und Sowjetisierung in Deutschland 1945–1970, Frankfurt a. M./New York 1997, S. 111–133.

Karlsch, Rainer/Bähr, Johannes, Die sowjetischen Aktiengesellschaften (SAG) in der SBZ/DDR. Bildung, Struktur und Probleme ihrer inneren Entwicklung, in: Lauschke, Karl/Welskopp Thomas (Hrsg.), Mikropolitik im Unternehmen. Arbeitsbeziehungen und Machtstrukturen in industriellen Großbetrieben des 20. Jahrhunderts, Essen 1994, S. 214–255.

Knoll, Viktor, Zur Wirtschaftspolitik der SMAD 1945–1949. Konzeption eines Editionsprojektes, in: Potsdamer Bulletin für Zeithistorische Studien 38/39 (2006/07), S. 39–47.

Koppelmann, Günter, Zur Bedeutung der SAG-Betriebe für die Formierung und das Wachstum der Arbeiterklasse in der DDR in den ersten Jahren der antifaschistisch-demokratischen Umwälzung, in: Kalbe, Ernstgert (Hrsg.), Der Rote Oktober und der Übergang vom Kapitalismus zum Sozialismus, Leipzig 1977, S. 362–376.

Kuntsche, Siegfried, Die Unterstützung der Landesverwaltung bzw. Landesregierung Mecklenburg durch die Sowjetische Militäradministration bei der Leitung der demokratischen Bodenreform, in: Jahrbuch für Geschichte 12 (1974), S. 141–182.

Künzel, Christiane, Verwaltung zum Studium der Errungenschaften in Wissenschaft und Technik Deutschlands, in: Möller, Horst/Tschubarjan, Alexandr O. (Hrsg.), SMAD-Handbuch. Die Sowjetische Militäradministration in Deutschland 1945–1949. Redaktion: Jan Foitzik, München 2009, S. 317–327.

Laufer, Jochen, „Genossen, wie ist das Gesamtbild?" Ackermann, Ulbricht und Sobottka in Moskau im Juni 1945, in: Deutschland Archiv 3 (1996), S. 355–371.

Laufer, Jochen, Auf dem Wege zur staatlichen Verselbstständigung der SBZ. Neue Quellen zur Münchner Konferenz der Ministerpräsidenten 1947, in: Kocka, Jürgen (Hrsg.), Historische DDR-Forschung. Aufsätze und Studien, Berlin 1993, S. 27–55.

Mai, Joachim, Die Militärverwaltung und die Bodenreform in Mecklenburg-Vorpommern 1945/46, in: Modrow, Hans/Watzek, Hans (Hrsg.), Junkerland in Bauernhand. Die deutsche Bodenreform und ihre Folgen, Berlin ²2005, S. 128–137.

Mai, Joachim, Die Sowjetische Militäradministration des Landes Mecklenburg-Vorpommern (SMAM), in: Brunner, Detlev/Müller, Werner/Röpcke, Andreas (Hrsg.), Land – Zentrale – Besatzungsmacht. Landesverwaltung und Landesregierung in der sowjetischen Besatzungszone, Frankfurt a. M. 2003, S. 187–200.

Matke, Fritz, Altes und Neues vom SWA-Verlag, 3 Teile, in: bbb Heft 40–42, S. 779–782, S. 793–796 und S. 807 ff.

Merker, Wolfgang, Landes- und Zentralverwaltungen – Konstituierung und Ausrichtung der SBZ-Verwaltungsspitze durch die SMAD, in: Mehringer, Hartmut (Hrsg.), Erobert oder befreit? Deutschland im internationalen Kräftefeld und die Sowjetische Besatzungszone (1945/46), München 1999, S. 93–108.

Mühlfriedel, Wolfgang, Zur Rolle der sowjetischen Technischen Büros für den Neubeginn des wissenschaftlichen Lebens an der Bergakademie Freiberg und in der Grundstoffindustrie der DDR, in: Verbündete in der Forschung, Berlin 1976, S. 231–234.

Nochotowitsch, Dina N., Thüringen, in: Möller, Horst/Tschubarjan, Alexandr O. (Hrsg.), SMAD-Handbuch. Die Sowjetische Militäradministration in Deutschland 1945–1949. Redaktion: Jan Foitzik, München 2009, S. 557–563.

Petrov, Nikita, Die SMAD, die deutsche Selbstverwaltung und die Sowjetisierung Ostdeutschlands 1945–1949, in: Hilger, Andreas/Schmeitzner, Mike/Vollnhals, Clemens (Hrsg.), Sowjetisierung oder Neutralität? Optionen sowjetischer Besatzungspolitik in Deutschland und Österreich 1945–1955, Göttingen 2006, S. 341–366.

Plato, Alexander von, Sowjetische Speziallager in Deutschland 1945 bis 1950: Ergebnisse eines deutsch-russischen Kooperationsprojektes, in: Peter Reif-Spirek/Bodo Ritscher (Hrsg.), Speziallager in der SBZ. Gedenkstätten mit „doppelter Vergangenheit", Berlin 1999, S. 124–148.

Raschka, Johannes, Kaderlenkung durch die Sowjetische Militäradministration in Sachsen, in: Behring, Rainer/Schmeitzner, Mike (Hrsg.), Diktaturdurchsetzung in Sachsen: Studien zur Genese der kommunistischen Herrschaft 1945–1952, Köln u. a. 2003, S. 51–78.

Raue, Günter, Die „Tägliche Rundschau" – Geburtshelfer des DDR-Journalismus, in: BzG 27 (1985), S. 174–181.

Scherstjanoi, Elke, Die deutschlandpolitischen Absichten der UdSSR 1948. Erkenntnisstand und forschungsleitende Problematisierungen, in: Hoffmann, Dierk/Wentker, Hermann (Hrsg.), Das letzte Jahr der DDR. Politische Weichenstellungen und Kontinuitäten im Prozeß der Gründung der DDR, München 2000, S. 39–54.

Scherstjanoi, Elke, Zwei deutsche Staaten? Forschungsfragen zur Nachkriegsplanung Moskaus im Lichte neuer Quellen 1948–1950, in: Tel Aviver Jahrbuch für deutsche Geschichte 28 (1999), S. 257–302.

Schmeitzner, Mike, Rudolf Friedrichs. Neuanfang unter sowjetischer Besatzung (1945–47), in: ders. (Hrsg.), Von Macht und Ohnmacht. Sächsische Ministerpräsidenten im Zeitalter der Extreme 1919–1952, Beucha 2006, S. 309–340.

Semirjaga, Michail I., Wie Berijas Leute in Ostdeutschland die „Demokratie" errichteten, in: Deutschland Archiv 29 (1996), S. 741–752.

Staritz, Dietrich, Die SED, Stalin und der „Aufbau des Sozialismus" in der DDR, in: Deutschland Archiv 24 (1991), S. 686–700.

Timofeeva, Natal'ja P., Das deutsche humanistische Erbe und die Politik der SMAD 1945–1946, in: Mehringer, Hartmut (Hrsg.), Erobert oder befreit? Deutschland im internationalen Kräftefeld und die Sowjetische Besatzungszone (1945/46), München 1999, S. 109–120.

Uhl, Matthias, Das Ministerium für Bewaffnung der UdSSR und die Demontage der Carl-Zeiss-Werke in Jena – eine Fallstudie, in: Karlsch, Rainer/Laufer, Jochen (Hrsg.), Sowjetische Demontagen in Deutschland 1944–1949. Hintergründe, Ziele und Wirkungen, Berlin 2002, S. 113–145.

Volkov, Vladimir Konstantinovič, Germanskij vopros glazami Stalina (1947–1952) [Die deutsche Frage aus Stalins Sicht 1947–1952], in: Uzlovye problemy novejšej istorii stran Central'noj i Jugo-Vostočnoj Evropy [Kernfragen der neuesten Geschichte der Länder Zentral- und Südosteuropas], Moskau 2000, S. 118–151.

Wille, Manfred, Die Industrie Sachsen-Anhalts im Spannungsfeld zwischen Neuaufbau, Besatzungsregime und gesellschaftlichen Umbrüchen 1945–1947, in: Buchheim, Christoph (Hrsg.), Wirtschaftliche Folgelasten des Krieges in der SBZ/DDR, Baden-Baden 1995, S. 141–168.

Wille, Manfred, Die Verabschiedung der Verordnung über die Bodenreform in der Provinz Sachsen, in: Bauernkämper, Arnd (Hrsg.), „Junkerland in Bauernhand?" Durchführung, Auswirkungen und Stellenwert der Bodenreform in der Sowjetischen Besatzungszone, Stuttgart 1996, S. 87–102.

Wille, Manfred, Die Tätigkeit der Provinzialverwaltung/Landesregierung Sachsen-Anhalt im Spannungsfeld zwischen sowjetischer Besatzungsherrschaft, SED-Machtstreben und Eigenverantwortung (1945–1949), in: Brunner, Detlev/Müller, Werner/Röpcke, Andreas (Hrsg.): Land – Zentrale – Besatzungsmacht. Landesverwaltung und Landesregierung in der Sowjetischen Besatzungszone, Frankfurt a. M. 2003, S. 107–134.

Wolkow, Wladimir Konstantinowitsch, Die deutsche Frage aus Stalins Sicht (1947–1952), in: ZfG 48 (2000), S. 20–49.

Abkürzungen

AE	Archivalieneinheiten
AVP RF	Archiv vnešnej politiki Rossijskoj Federacii – Archiv für Außenpolitik der UdSSR
BArch	Bundesarchiv
Bl.	Blatt
BMP	Büro des Ministerpräsidenten
BStU	Der Bundesbeauftragte für die Unterlagen des Staatssicherheitsdienstes der ehemaligen Deutschen Demokratischen Republik
BZG	Beiträge zur Geschichte der Arbeiterbewegug
CAMO	Central'nyj archiv ministerstva oborony – Zentralarchiv des Verteidigungsministeriums
d.	Delo – Akte
DDR	Deutsche Demokratische Republik
FO	Foreign Office
GARF	Gosudarstvennyj archiv Rossijskoj Federacii – Staatsarchiv der Russischen Föderation
GiW	Geschichte im Westen
IfZ	Institut für Zeitgeschichte München-Berlin
KPD	Kommunistische Partei Deutschlands
KPdSU (B)	Kommunistische Partei der Sowjetunion (Bolschewiki)
KZ	Konzentrationslager
LDP	Liberal-Demokratische Partei
MdI	Ministerium des Innern
MfJ	Ministerium für Justiz
MfS	Ministerium für Staatssicherheit
MfV	Ministerium für Volksbildung
MGB	Ministerstvo gosudarstvennoj bezopasnosti – Ministerium für Staatssicherheit
MVD/MWD	Ministerstvo vnutrennich del – Ministerium für Inneres
NKVD/NKWD	Narodnyj komissariat vnutrennich del – Volkskommissariat für Inneres
NS	Nationalsozialismus/nationalsozialistisch
NSDAP	Nationalsozialistische Deutsche Arbeiterpartei

OMGUS	Office of Military Government for Germany, United States
op.	opis' – Findbuch
PRO	Public Record Office
RGASPI	Rossijskij gosudarstvennyj archiv social'no-političeskoj istorii – Russisches Staatsarchiv für soziale und politische Geschichte
Rosarchiv	Federal'noe archivnoe agentstvo – Staatlicher Archivdienst Russlands
RSFSR	Rossijskaja Sovetskaja Federativnaja Socialističeskaja Respublika – Russische Sozialistische Föderative Sowjetrepublik
SBZ	Sowjetische Besatzungszone
SED	Sozialistische Einheitspartei Deutschlands
SMA(Th)	Sowjetische Militäradministration (Thüringen)
SMAD	Sowjetische Militäradministration in Deutschland
SMT	Sowjetische Militärtribunale
SPD	Sozialdemokratische Partei Deutschlands
SS	Schutzstaffel
SVAG	Sovetskaja voennaja administracija v Germanii – Sowjetische Militäradministration in Deutschland
TASS	Telegrafnoje agentstvo Sovetskogo Sojusa – Telegrafenagentur der Sowjetunion
ThHStAW	Thüringisches Hauptstaatsarchiv Weimar
UdSSR	Union der Sozialistischen Sowjetrepubliken
USVA	Upravlenie sovetskoj voennoj administracii – Verwaltung der Sowjetischen Militäradministration in den Provinzen und Ländern der SBZ
VfZ	Vierteljahrshefte für Zeitgeschichte
VW	Volkswagen
WASt	Deutsche Dienststelle für die Benachrichtigung der nächsten Angehörigen von Gefallenen der ehemaligen deutschen Wehrmacht
ZfG	Zeitschrift für Geschichtswissenschaft
ZStA	Zentrales Staatsarchiv
ZZF	Zentrum für Zeithistorische Forschung

Autorinnen und Autoren

PD Dr. Detlev Brunner, seit 2010 Vertretung des Lehrstuhls für Neuere und Zeitgeschichte an der Universität Leipzig.

Felicitas Claus, B.A., wissenschaftliche Hilfskraft am Institut für Zeitgeschichte München-Berlin.

Dr. Jan Foitzik, 1994–2013 wissenschaftlicher Mitarbeiter am Institut für Zeitgeschichte München-Berlin.

Dr. Alexander Haritonow, Historiker, bis Dezember 2014 Mitarbeiter der Dokumentationsstelle der Stiftung Sächsische Gedenkstätten.

Dr. Enrico Heitzer, seit 2012 wissenschaftlicher Mitarbeiter in der Gedenkstätte und Museum Sachsenhausen/Stiftung Brandenburgische Gedenkstätten.

Dr. Kai von Jena, 1980–2009 Mitarbeiter beziehungsweise Leiter des Referats Internationale Beziehungen im Bundesarchiv.

Dr. habil. Jürgen John, 1995–2007 Professor für moderne mitteldeutsche Regionalgeschichte an der Friedrich-Schiller-Universität Jena.

Oxana Kosenko, seit 2013 wissenschaftliche Mitarbeiterin im Projekt „Wissenschaftsbeziehungen im 19. Jahrhundert zwischen Deutschland und Russland" an der Sächsischen Akademie der Wissenschaften zu Leipzig.

Dr. Jochen Laufer, seit 1992 wissenschaftlicher Mitarbeiter am Zentrum für Zeithistorische Forschung in Potsdam.

PD Dr. Alexander von Plato, 1993–2007 Direktor des Instituts für Geschichte und Biographie der Fernuniversität Hagen, Gastprofessor in Wien, Winnipeg/Kanada und Voronezh/Russland.

Kerstin Risse, seit 1991 Mitarbeiterin, seit 2009 Leiterin des Referats DDR 2 im Bundesarchiv.

PD Dr. Elke Scherstjanoi, seit 1994 wissenschaftliche Mitarbeiterin am Institut für Zeitgeschichte München-Berlin, Privatdozentin an der TU Chemnitz.

Kerstin Weller, seit 1990 Mitarbeiterin im Bundesarchiv.

Zeitgeschichte
im Gespräch

Band 1
Deutschland im Luftkrieg
Geschichte und Erinnerung
D. Süß (Hrsg.)
2007. 152 S.
ISBN 978-3-486-58084-6

Band 2
Von Feldherren und Gefreiten
Zur biographischen Dimension des
Zweiten Weltkriegs
Ch. Hartmann (Hrsg.)
2008. 129 S.
ISBN 978-3-486-58144-7

Band 3
Schleichende Entfremdung?
Deutschland und Italien nach dem Fall
der Mauer
G.E. Rusconi, Th. Schlemmer, H. Woller
(Hrsg.)
2. Aufl. 2009. 136 S.
ISBN 978-3-486-59019-7

Band 4
Lieschen Müller wird politisch
Geschlecht, Staat und Partizipation im
20. Jahrhundert
Ch. Hikel, N. Kramer, E. Zellmer (Hrsg.)
2009. 141 S.
ISBN 978-3-486-58732-6

Band 5
Die Rückkehr der Arbeitslosigkeit
Die Bundesrepublik Deutschland im
europäischen Kontext 1973–1989
Th. Raithel, Th. Schlemmer (Hrsg.)
2009. 177 S.
ISBN 978-3-486-58950-4

Band 6
Ghettorenten
Entschädigungspolitik, Rechtsprechung
und historische Forschung
J. Zarusky (Hrsg.)
2010. 131 S.
ISBN 978-3-486-58941-2

Band 7
Hitler und England
Ein Essay zur nationalsozialistischen
Außenpolitik 1920–1940
H. Graml
2010. 124 S.
ISBN 978-3-486-59145-3

Band 8
Soziale Ungleichheit im Sozialstaat
Die Bundesrepublik Deutschland und
Großbritannien im Vergleich
H.G. Hockerts, W. Süß (Hrsg.)
2010. 139 S.
ISBN 978-3-486-59176-7

Band 9
Die bleiernen Jahre
Staat und Terrorismus in der
Bundesrepublik Deutschland und
Italien 1969–1982
J. Hürter, G.E. Rusconi (Hrsg.)
2010. 128 S.
ISBN 978-3-486-59643-4

Band 10
Berlusconi an der Macht
Die Politik der italienischen Mitte-
Rechts-Regierungen in vergleichender
Perspektive
G.E. Rusconi, Th. Schlemmer, H. Woller
(Hrsg.)
2010. 164 S.
ISBN 978-3-486-59783-7

Band 11
Der KSZE-Prozess
Vom Kalten Krieg zu einem
neuen Europa 1975–1990
H. Altrichter, H. Wentker (Hrsg.)
2011. 128 S.
ISBN 978-3-486-59807-0

Band 12
Reform und Revolte
Politischer und gesellschaftlicher
Wandel in der Bundesrepublik
Deutschland vor und nach 1968
U. Wengst (Hrsg.)
2011. 126 S.
ISBN 978-3-486-70404-4

Band 13
Vor dem dritten Staatsbankrott?
Der deutsche Schuldenstaat in
historischer und internationaler
Perspektive
M. Hansmann
2., durchgesehene Aufl. 2012. 113 S.
ISBN 978-3-486-71784-6

Band 14
Das letzte Urteil
Die Medien und der Demjanjuk-Prozess
R. Volk
2012. 140 S.
ISBN 978-3-486-71698-6

Band 15
Gaddafis Libyen und die
Bundesrepublik Deutschland 1969–
1982
T. Szatkowski
2013. 135 S.
ISBN 978-3-486-71870-6

Band 16
„1968" – Eine
Wahrnehmungsrevolution?
Horizont-Verschiebungen des
Politischen in den 1960er und 1970er
Jahren
I. Gilcher-Holtey (Hrsg.)
2013. 138 S.
ISBN 978-3-486-71872-0

Band 17
Die Anfänge der Gegenwart
Umbrüche in Westeuropa nach dem
Boom
M. Reitmayer, Th. Schlemmer (Hrsg.)
2014. 150 S.
ISBN 978-3-486-71871-3

Band 18
Homosexuelle im Nationalsozialismus
Neue Forschungsperspektiven zu
Lebenssituationen von lesbischen,
schwulen, bi-, trans- und intersexuellen
Menschen 1933–1945
Michael Schwartz (Hrsg.)
2014. 146 S.
ISBN 978-3-486-74189-6

Band 19
Entspannung in Europa
Die Bundesrepublik Deutschland und
der Warschauer Pakt 1966–1975
G. Niedhart
2014. 131 S.
ISBN 978-3-486-72476-9

Band 20
Der Faschismus in Europa
Wege der Forschung
Th. Schlemmer/H. Woller (Hrsg.)
2014. 148 S.
ISBN 978-3-486-77843-4

Band 21
Diplomatie mit Gefühl
Vertrauen, Misstrauen und die
Außenpolitik der Bundesrepublik
Deutschland
R. Kreis (Hrsg.)
2015. 110 S.
ISBN 978-3-486-77844-1

Bei Fragen zur Produktsicherheit wenden Sie sich bitte an:
If you have any questions regarding product safety,
please contact:

Walter de Gruyter GmbH
Genthiner Straße 13
10785 Berlin
productsafety@degruyterbrill.com